Veronika Walz

Bunte Beete

in voller Blüte vom Frühling bis zum Herbst

Farbgestaltung im Garten

Vorwort

Feuerrote Taglilien, orangefarbene Seidenpflanze, goldgelber Sonnenhut, smaragdgrüne Gräser, strahlend blauer Rittersporn und violette Astern – alle Farben des Regenbogens stehen Ihnen im Garten zur Verfügung. Mit diesen prachtvollen Farben können Sie verschiedene Stimmungen im Garten erzeugen. Rot wirkt anregend und gibt Energie, Blau beruhigt und lässt den Garten größer erscheinen und Gelb ist die heiterste Farbe – mit Gelb scheint immer die Sonne in Ihrem Garten.

Das Thema „Farbe im Garten" beschäftigt und fasziniert mich seit langem und ich feiere dieses Jahr mein 10-jähriges „Farbjubiläum". In dieser Zeit habe ich viel darüber erfahren, was sich die Menschen von der „Farbe im Garten" wünschen. Sie möchten wissen, wie Farben wirken, welche Farben gut zusammenpassen, welche Farben und Pflanzen für sonnige oder schattige Plätze geeignet sind ... Das und vieles mehr erfahren Sie in diesem praktischen Farbbuch.

Sie können sich auch fix und fertige „Farbbeete" bestellen. Sei es ein fröhlicher Dreiklang in Rot, Gelb und Blau, eine feurige Nachbarfarben-Harmonie in Rot, Orange und Gelb oder eine elegante Ton-in-Ton-Gestaltung ganz in Weiß. Für jeden Farbgeschmack und jeden Standort ist ein Farbbeet dabei.

Ich beschäftige mich nun schon so lange mit der Farbe – trotzdem begeistert mich immer noch jeden Tag die Farbenpracht in meinem Garten. Ich wünsche Ihnen, dass „Farbe im Garten" Ihnen ebenso viel Freude bringt!

Veronika Walz

INHALTSVERZEICHNIS

FARBEN

PRAXIS

ROT

ORANGE

GELB

GRÜN

BLAU

VIOLETT

WEISS

ANHANG

FARBEN

Gärtnerische Farbenlehre – der Farbkreis

Die Gärtnerische Farbenlehre ist aus Begriffen der Optik (die Lehre vom Licht), der künstlerischen Farbenlehre, der Malerei, der Musik und der Floristik entstanden. Die Definitionen aus diesen Bereichen wurden für den gärtnerischen Gebrauch angepasst und verändert. Die Gärtnerische Farbenlehre ist weiters eine Zusammenfassung der Grundsätze der Farbkomposition. Sie hilft, Farben wirkungsvoll zu verwenden und zu kombinieren, um harmonische Gartenbilder zu schaffen.

Der Farbkreis

Sir Isaac Newton (1643–1727) war ein englischer Physiker, Mathematiker und Astronom, der sich jahrelang sehr intensiv mit der Farbenlehre beschäftigt hat. Seine Arbeit mit den Regenbogenfarben brachte ihn auf die Idee, sie in einem Kreis anzuordnen – einer der ersten Farbkreise war entstanden. Dieser wurde später verändert und erweitert. Ein sechsteiliger Farbkreis zum Beispiel besteht aus den drei Primärfarben (Rot, Gelb Blau) und den drei Sekundärfarben (Grün, Violett und Orange). Beim zwölfteiligen Farbkreis wurden noch Zwischenfarben, die Tertiärfarben, hinzugefügt.

Für die gärtnerische Farbgestaltung hat sich der zwölfteilige Farbkreis (siehe Seite 11) sehr bewährt. Dieser dient als wichtiges Instrument und Anschauungsobjekt. Er zeigt die Beziehungen der Farben zueinander: die Farbharmonien der Farben, die im Farbkreis nebeneinander liegen, und die Farbkontraste der Farben, die einander im Farbkreis gegenüberliegen. So wird die Farbauswahl für die Farbgestaltung erleichtert.

Primärfarben, Sekundärfarben und Tertiärfarben

Rot, Gelb und Blau sind die Primärfarben. Sie heißen auch Grundfarben oder Farben erster Ordnung. Die Primärfarben zeichnet aus, dass sie nicht durch Mischen hergestellt werden können. Orange, Violett und Grün sind die Sekundärfarben. Sie werden auch Farben zweiter Ordnung genannt. Die Sekundärfarben entstehen durch die Mischung der Primärfarben. Die Tertiärfarben heißen auch Farben dritter Ordnung. Sie entstehen durch das Mischen der Primärfarben mit den Sekundärfarben (siehe Illustration auf Seite 12).

Bunte Farben, unbunte Farben

Als bunte Farben bezeichnet man die Farben des Farbkreises, alle ihre weiteren Mischungen und die Mischungen mit Weiß oder Schwarz. Die Mischungen mit Weiß ergeben die Pastellfarben, zum Beispiel Hellblau, Hellgelb oder Rosa. Die Mischungen mit Schwarz ergeben die Dunkelfarben, wie Dunkelblau, Dunkelviolett und Weinrot.

Der zwölfteilige Farbkreis

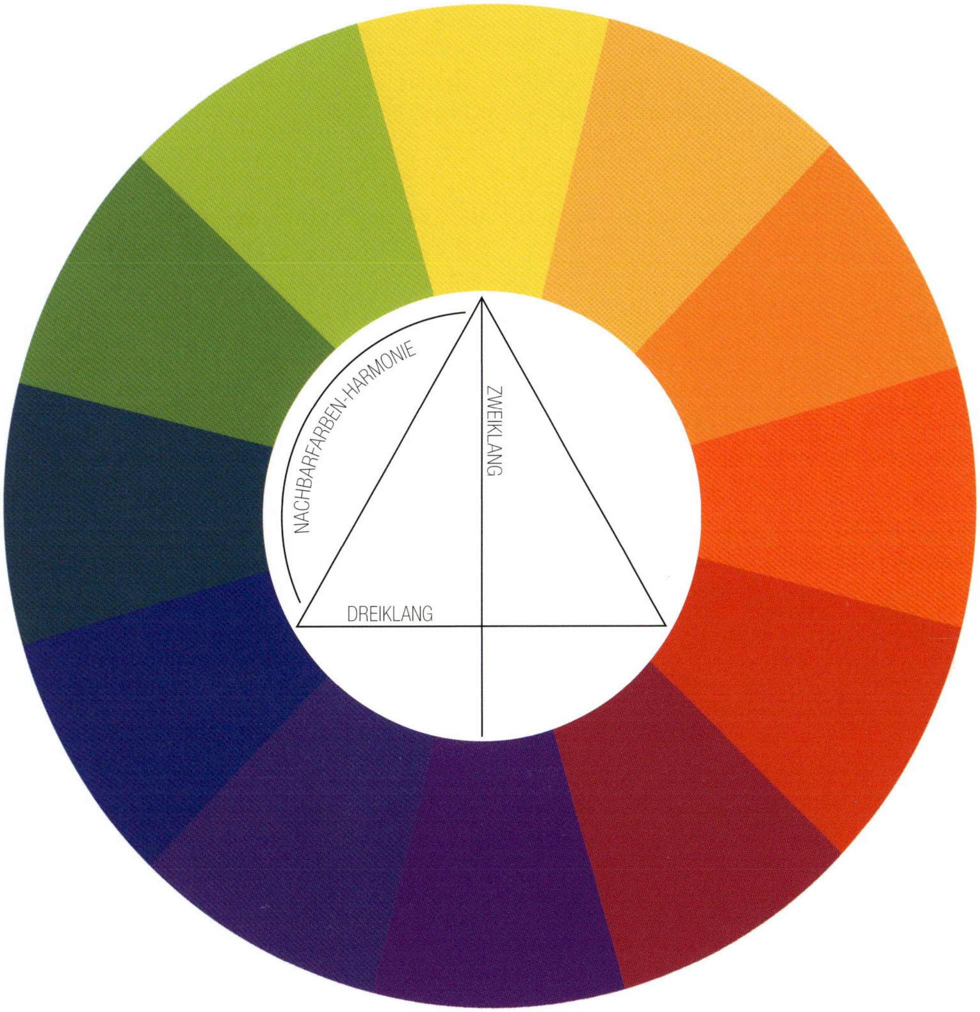

Weiß, Grau und Braun sind die unbunten Farben in der Gärtnerischen Farbenlehre. Schwarz würde auch zu den unbunten Farben zählen, nur gibt es im Pflanzenreich kein richtiges Schwarz. Der Eindruck von Schwarz entsteht, wenn ein Pflanzenteil sehr dunkelviolett, wie die Blüten der Schwarzen Iris, oder ganz dunkelbraun ist, wie die Blätter vom Schlangenbart 'Nigrescens'. Bei diesen Pflanzenteilen sind die blauen oder roten Pflanzenfarbstoffe sehr dicht gepackt.

Tipp

Am Nachmittag und besonders dann am Abend bekommen die Sonnenstrahlen eine rötliche Tönung. Farbbeete in warmen Rot-, Orange- oder Gelbtönen sehen daher schon nachmittags besonders schön aus. Abends steigert sich der Eindruck nochmals: Das feurige Leuchten der untergehenden Sonne lässt die Farben richtig aufglühen.

Warme Farben, kalte Farben

Farben lösen in uns Temperaturempfindungen aus. Rot zum Beispiel wird als warm, Blau als kalt empfunden. Auch der Farbkreis wird in warme und kalte Farben unterteilt. Rot-, Orange- und Gelbtöne zählen zu den warmen Farben. Sie erinnern uns an Feuer und Sonnenschein. Warme Farben ziehen die Blicke auf sich, sie scheinen in den Vordergrund zu treten und wirken daher nah. Beete oder Gärten in Rot-, Orange- oder Gelbtönen vermitteln eine erwärmende, anregende, dynamische, freundliche und heitere Stimmung. Eine gewisse Vorsicht ist bei der Verwendung von warmen Farben allerdings geboten: Zu viel Rot kann zu aufregend, zu viel Orange kann laut, zu viel Gelb kann schreiend erscheinen. Durch die weithin strahlende Wirkung der warmen Farben können kleine Gärten kleiner erscheinen, als sie in Wirklichkeit sind.

Blau und Violett gehören zu den kalten Farben, sie lassen uns an Wasser oder Eis denken. Kalte

Primär-, Sekundär- und Tertiärfarben

Primärfarben
Rot
Gelb
Blau

Sekundärfarben				
Rot	+	Gelb	=	Orange
Rot	+	Blau	=	Violett
Blau	+	Gelb	=	Grün

Tertiärfarben				
Gelb	+	Orange	=	Gelborange
Rot	+	Orange	=	Rotorange
Rot	+	Violett	=	Rotviolett
Blau	+	Violett	=	Blauviolett
Blau	+	Grün	=	Blaugrün
Gelb	+	Grün	=	Gelbgrün

Warme & kalte Farben

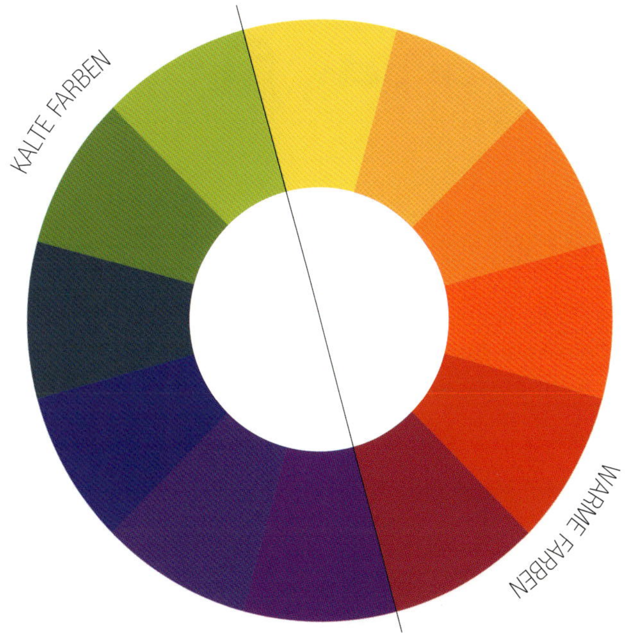

Farben scheinen zurückzuweichen, sie ziehen den Blick in die Ferne. Gärten in kalten Farben sehen größer aus, als sie eigentlich sind. Blau- und Violetttöne wirken kühlend, beruhigend, besänftigend und lindernd. Auch bei der Verwendung von kalten Farben sollte man achtsam sein. Zu viele kalte Farben nebeneinander können zu kühl oder bedrückend wirken. Eine Aufhellung – etwa mit Weiß – ist daher ratsam.

Grün steht zwischen kalt und warm und kann, je nach Farbton, eher wärmer (Gelbgrün) oder kälter (Blaugrün) erscheinen.

Wir nennen Rot eine warme Farbe und Blau eine kalte Farbe. Rot ist aber nicht gleich Rot. Auch innerhalb der verschiedenen Rottöne im zwölfteiligen Farbkreis gibt es Temperaturunterschiede. Orangerot ist wärmer als Violettrot. Violett zählt zu den kalten Farben. Im Vergleich zu Rot wirkt Violett kälter, im Vergleich zu Blau wirkt es aber wärmer.

Tipp

Das Sonnenlicht ist morgens bläulich. Blüten in Blau und Violett haben dann eine besonders frische und intensive Ausstrahlung. Farbbeete in kalten Tönen kommen aus diesem Grund noch besser zur Geltung, wenn sie von der Morgensonne beschienen werden.

Farben für die Sonne, Farben für den Schatten

Die Farbe hängt vom Licht ab

Das Licht spielt eine große Rolle bei der Farbgestaltung und bei der Farbauswahl für den Garten. Die geeigneten Farben für einen bestimmten Standort findet man, wenn man die Lichtverhältnisse genau kennt. Je nach Lichtmenge wirken die Farben ganz unterschiedlich. Sonnige Lagen mit viel Licht benötigen andere Farben als schattige Lagen mit wenig Licht.

Verschiedene Grüntöne, aufgehellt mit Weiß, passen sehr gut an schattige Stellen.

Farben für die Sonne

Je stärker das Sonnenlicht ist, umso satter müssen die verwendeten Farben sein, damit es überhaupt zu einer Farbwahrnehmung, zu einem Farbeindruck kommt. Für Plätze in der Sonne sind daher alle Pflanzen in kräftigen Farben gut geeignet wie Rot, Orange, Gelb, Blau und Violett. Blasse Farben wie Hellgelb oder Rosa würden hier schwach und fad wirken, sie könnten überhaupt nicht zur Geltung kommen. Vor allem die grelle Mittagssonne würde diese Pastellfarben einfach verbrennen. Weiß, Gelb und Grün nehmen eine Sonderstellung ein. Sie können sowohl in der Sonne als auch im Schatten sehr gut eingesetzt werden.

Farben für den Schatten

Im Schatten ist das Licht sanfter, es wirkt gedämpfter. Es gibt drei verschiedene Möglichkeiten, Farben im Schatten zu verwenden.

Mit einer Pflanzung nur in Grün, also einer Ton-in-Ton-Gestaltung, betont man den Schatten. Bei diesem Arrangement ist es wichtig, Pflanzen zu

Kräftig gelbe Blüten strahlen im Sonnenlicht, wie hier in einem Beet, das ganz in Gelb gehalten ist.

verwenden, die sich in Höhe, Blattform und Blattfarben unterscheiden. Sonst könnte die Gestaltung monoton wirken. Weiß oder gelb blühende Pflanzen oder Pflanzen mit weiß- oder gelbbunten Blättern können den Schatten aufhellen.

Mit hellen Farbtönen kräftiger Farben wie Hellrot, Hellorange oder Hellblau kann der Schatten belebt werden. Gelb und Weiß haben eine Doppelfunktion, sie wirken sowohl aufhellend als auch belebend.

Je dämmriger es wird und je dunkler, umso stärker kommen die Pastellfarben hervor. Mit Einbruch der Nacht sind die roten und blauen Blüten verschwunden, die rosafarbenen, gelben und weißen Blüten erleuchten aber wie Lämpchen.

Pflanzen in zu dunklen Farben wie Dunkelrot, Dunkelblau oder Dunkelviolett sollte man keinesfalls in den tiefen Schatten setzen. Diese Farben kommen im Schatten nicht zur Geltung – sie verschwinden und wirken wie schwarze Löcher im Bild.

Tipp

Zwei Beete sind sehr gut geeignet, um Schattenplätze im Garten aufzuhellen: Das Beet „Helles Schattenlicht in Grün und Weiß“ finden Sie auf Seite 88 ff., das richtige Beet zum Aufhellen von Schattenplätzen, den „Zarten Farbentanz in Gelb, Rosa und Blau“, auf Seite 76 ff.

Farbkomposition – Spiel mit Farben

Die folgenden Gestaltungsregeln gelten ganz allgemein, sie werden nicht nur in der gärtnerischen Farbgestaltung verwendet, sondern finden auch Anwendung in der Floristik, der Malerei, der Architektur und der Mode. Die Regeln der Farbkomposition zeigen, wie man Farben miteinander kombinieren und eindrucksvolle Gartenbilder gestalten kann. Diese Regeln haben einige Vorteile. Sie „funktionieren", das heißt, Beete, die nach diesen Regeln zusammengestellt werden, sehen harmonisch aus. Ob man allerdings für den eigenen Garten einen lustigen Dreiklang in Rot, Gelb und Blau, einen kontrastreichen Zweiklang in Violett und Gelb oder eine elegante Ton-in-Ton-Gestaltung in Weiß bevorzugt, ist abhängig vom persönlichen Geschmack und von der Lage des Beetes. Mit Hilfe des Farbkreises kann man nicht nur andere Beete oder gelungene Farbideen der Natur analysieren, sondern man kann auch gut herausfinden, welche Farbkompositionen man selbst bevorzugt. So kann man den eigenen Garten mit Farben „einrichten" und ganz nach seinen Vorlieben und Wünschen in ein Farbenparadies verwandeln.

Die Nachbarfarben-Harmonie in Rot, Orange und Gelb macht sich gut vor einer dunklen Hecke.

Nachbarfarben-Harmonie (Mischreihe, Farbverlauf)

Bei einer Nachbarfarben-Harmonie verwendet man Farben, die im Farbkreis nebeneinander liegen. Diese Farben sind sich sehr ähnlich, man sagt auch, sie sind miteinander „verwandt". Deshalb passen sie besonders gut zueinander und ihre Kombinationen wirken sehr ausgeglichen. Grundsätzlich kann man alle im Farbkreis nebeneinander liegenden Farben für eine Nachbarfarben-Harmonie einsetzen. Es sollten aber nur zwischen zwei bis maximal fünf Farben verwendet werden. Mehr als fünf Farben wirken zu bunt und damit wieder unharmonisch.

Rot ist eine Ausnahme: Hier sollte keinesfalls ein Rot mit einem Gelbanteil (wie das Zinnoberrot der Brennenden Liebe) mit einem Rot mit einem Blauanteil (wie das Violettrot der Vexiernelke) in einem kleinen Beet kombiniert werden. Die beiden Farben „schlagen" sich nämlich. In einem sehr großen Beet allerdings kann man auf der einen Seite mit Orangerot beginnen, in der Mitte zu reinem Rot übergehen und auf der anderen Seite mit Violettrot abschließen.

Tipp

Eine warme Nachbarfarben-Harmonie für den Frühling sind beispielsweise rote und orange Tulpen mit gelben Narzissen. Das Prachtstauden-Beet „Flammendes Farbfeuerwerk in Rot, Orange und Gelb" (siehe Seite 56 ff.) ist in einer warmen Nachbarfarben-Harmonie gestaltet. Blaue und violette Hyazinthen, blauviolette Anemonen und rosa Tulpen hingegen bilden im Frühling eine kalte Nachbarfarben-Harmonie. Ein Beispiel dafür ist das Prachtstauden-Beet „Romantisches Traumbeet in Blau, Violett, Rosa und Weiß" auf Seite 98 ff.

Nachbarfarben-Harmonie

Besonders intensiv wirken Beete im Dreiklang Rot, Gelb und Blau.

Am sichersten gelingt eine Nachbarfarben-Harmonie, wenn man sich für Farben aus dem warmen oder aus dem kalten Teil des Farbkreises entscheidet. Eine lebhafte Nachbarfarben-Harmonie entsteht mit warmen Rot-, Orange- und Gelbtönen. Die Natur zeigt, dass das eine sehr harmonische Farbkombination ist. Ein schöner Sonnenuntergang oder die Herbstfärbung mancher Blätter können in diesen Farben spielen. Man kann genau so auch eine kalte Nachbarfarben-Harmonie gestalten. Eine Komposition in Blau- und Violetttönen strahlt einen romantischen Charme aus. Weitere Beispiele für Nachbarfarben-Harmonien sind Gelb/Gelborange/ Orange/ Rotorange/Rot sowie Rot/Rotviolett/ Violett/Blauviolett/Blau und Blauviolett/Blau/ Blaugrün/Grün/Gelbgrün.

Dreiklang

Legt man ein gleichseitiges Dreieck in den Farbkreis, so zeigen seine Spitzen auf drei Farben. Diese Farbzusammenstellung nennt man einen Dreiklang. Nach dem Zweiklang ist das der zweitgrößte Farbkontrast. Der Dreiklang aus den Primärfarben Rot, Gelb und Blau wirkt von allen Dreiklängen am stärksten. Er sieht fröhlich und sehr auffallend aus. Für den Geschmack mancher Menschen zu auffallend. Wenn man Rot, Gelb und Blau mit Weiß aufhellt, entstehen die Farben Rosa, Hellgelb und Hellblau. Die Kombination dieser Pastellfarben ergibt eine sanftere Version des Primärfarben-Dreiklangs. Auch alle anderen Farben des Farbkreises können zu Dreiklängen verbunden werden. Das Dreieck kann im Farbkreis beliebig gedreht werden, es entstehen immer ausgewogene Dreiklänge. Seien es die Sekundärfarben Orange mit Violett und Grün oder die feineren Mischtöne der Tertiärfarben wie Rotorange mit Blauviolett und Gelbgrün oder Gelborange mit Blaugrün und Rotviolett.

Neben den typischen Dreiklängen kann man die Palette noch um die Dreiklänge im weiteren Sinn vergrößern. Dabei gibt es kleine Abweichungen von den klassischen Varianten, die man aber sehr bewusst machen sollte. Ein Beispiel dafür ist das Mini-Beet „Wohlklingendes Farbenspiel in Blau, Rotviolett und Gelb“ (siehe Seite 104 f.).

Tipp

Ein Frühlingsbeispiel für einen Dreiklang in Rot, Gelb und Blau wären rote und gelbe Tulpen mit blauen Traubenhyazinthen. Ein Beispiel für einen Dreiklang, der vom Frühling bis zum Herbst blüht, finden Sie auf Seite 42 ff. beim Farbbeet „Fröhlicher Farbentanz in Rot, Gelb und Blau“. Einen zarteren Dreiklang stellt das Beet „Zarter Farbentanz in Gelb, Rosa und Blau“ auf Seite 76 ff. dar. Zu diesem Schattenbeet passen auch Zwiebelblumen: Gelber Winterling für das zeitige Frühjahr und Hasenglöckchen in Rosa, Hellviolett und Weiß für den Frühsommer.

Dreiklang

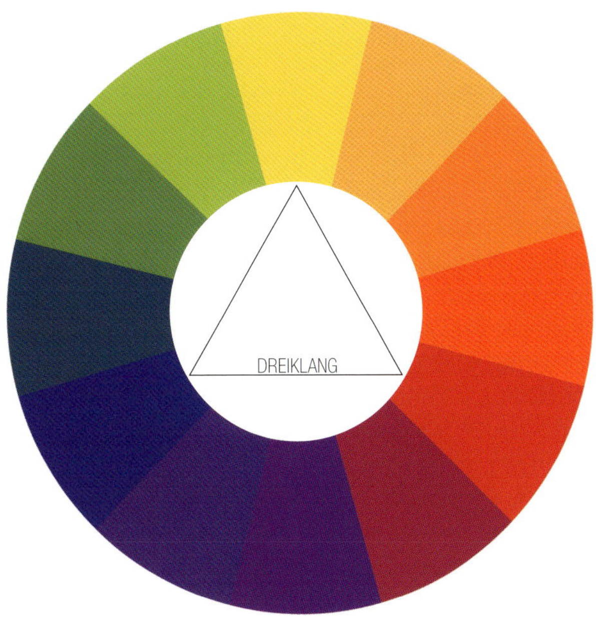

Gelb und Violett liegen im Farbkreis gegenüber und bilden einen starken Gegenfarben-Kontrast.

Zweiklang (Komplementär-Kontrast, Gegenfarben-Kontrast)

Komplementärfarben sind die Farben, die einander im Farbkreis gegenüberliegen. Sie sind durch eine Gerade miteinander verbunden. Eine Gestaltung mit Komplementärfarben nennt man Zweiklang. Dreht man die Gerade im Farbkreis, so entstehen stets neue Zweiklänge. Im Farbkreis werden die Kontraste immer größer, je weiter die Farben voneinander entfernt sind. Daher ist der Zweiklang der größte Farbkontrast, den es gibt. Die beiden gegenüberliegenden Farben haben überhaupt nichts gemeinsam. So steigern sie sich gegenseitig in ihrer Wirkung und Aussage, es entstehen lebhafte und doch wohltönende Kontraste. Zweiklänge findet man auch in der Natur. Violette Blüten haben oft ein gelbes Zentrum, ein gelbes „Auge". Die roten Blüten vom Mohn bilden mit seinen grünen Blättern einen Zweiklang. Der Rot-Grün-Kontrast ist von allen Zweiklängen der stärkste. Das erklärt auch – abgesehen vom auffallenden Charakter von Rot –, warum es eine so Aufsehen erregende Wirkung im Garten hat.

Tipp

Auch bei den Zweiklängen sind Abwandlungen vom Grundmodell möglich. Eine stimmige Variation eines Zweiklanges finden Sie beim Mini-Beet „Kühle Erfrischung in Gelb und Blau" auf Seite 82 f.

Man sollte bei einer Gestaltung im Zweiklang nie die Farben in einem Verhältnis von 50:50 verwenden, das würde langweilig wirken. Am besten sieht es aus, wenn man etwa ein Drittel der einen Farbe mit etwa zwei Dritteln der zweiten Farbe kombiniert. Also zum Beispiel ein Drittel violette Stiefmütterchen mit zwei Dritteln gelben Tulpen oder ein Drittel gelbe Tulpen mit zwei Dritteln violetten Stiefmütterchen. Welche Farbe man als Hauptfarbe in der Gestaltung auswählt, hängt davon ab, welchen Effekt man erzielen möchte. Gelb, das durch Violett betont wird, wirkt nämlich ganz anders als Violett betont durch Gelb.

Tipp

Den Komplementär-Kontrast können Sie im Selbstversuch erproben. Schauen Sie etwa eine Minute lang auf einen intensiv grün gefärbten Gegenstand. Dann blicken Sie auf eine weiße Fläche. Nach kurzer Zeit erscheint ein roter oder rosa Fleck in der Form dieses Gegenstandes – das so genannte „Nachbild“. Das funktioniert genauso auch mit den anderen Farben, als Nachbild ist immer die Komplementärfarbe zu sehen. Ein Beetbeispiel dazu finden Sie auf Seite 112 ff.: den „Prachtvollen Zweiklang in Violett und Gelb“.

Zweiklang

Ton-in-Ton-Gestaltung (monochrome Gestaltung)

Pflanzungen in einer Farbe bezeichnet man als Ton-in-Ton-Gestaltungen. Man verwendet zum Beispiel nur einen bestimmten Ton von Rot. In der Praxis wird sich dieses Rot in einem gewissen Bereich von Farbschattierungen und verwandten Farben bewegen, eine Spur in Richtung Hellrot oder Dunkelrot, Orange oder Violett gehen.

Es ist nicht möglich, ein ganzes Beet in genau dem gleichen Rotton zu gestalten. Das kann allein schon deshalb nicht gelingen, weil keine zwei roten Blüten genau die gleiche Farbe haben. Auch wenn man genau den gleichen Rotton gefunden hätte, würde die Farbe auf den glatten Blüten eines Mohns anders aussehen als auf den samtigen Blüten einer Rose. Denn der Farbeindruck ist auch abhängig von der Oberfläche der Blüte.

Ein Beet Ton in Ton in Gelb gehalten wirkt sonnig und verströmt Heiterkeit.

Bei Ton-in-Ton-Gestaltungen kommen die typischen Eigenschaften der jeweiligen Farben besonders stark zum Ausdruck. Man kann sich den Farben so richtig hingeben: der anregenden Kraft des Rots, der Heiterkeit des Gelbs und der beruhigenden Ausstrahlung des Blaus.

Wird ein großes Beet oder sogar ein ganzer Garteneil einfarbig gestaltet, so spricht man von einem Farbgarten. Es gibt Farbgärten in Rot, Gelb, Grün, Blau, Violett und Weiß. Besonders gelungene Beispiele dafür sind in England zu bestaunen: Ein roter Farbgarten befindet sich etwa in Hidcote Manor und ein blauer in Chatsworth. Sissinghurst bezaubert mit einem großen violetten Farbbeet und dem berühmtesten Farbgarten der Welt – dem „Weißen Garten“. (Nähere Informationen zu diesen Gärten gibt es bei den Reisetipps auf Seite 137.)

Die Ton-in-Ton-Gestaltung gilt als die einfachste Form der Farbgestaltung, da man nur mit einem Farbton oder einer kleinen Anzahl sehr ähnlicher Farben gestaltet. Doch man sollte auch diese Variante der Farbzusammenstellung nicht unterschätzen. Bei allen anderen Möglichkeiten der Farbkomposition (Nachbarfarben-Harmonie, Dreiklang und Zweiklang) wird mit mehreren Farben gearbeitet. Kontraste ergeben sich also schon allein aus der Verwendung verschiedener

Für die Wirkung eines Beetes sind auch unterschiedliche Blüten- und Wuchsformen der Pflanzen wichtig.

Farben. Bei der Gestaltung „Ton in Ton" arbeitet man nur mit einer Farbe.

Je einfacher das Farbschema ist, also je weniger Farben in der Gestaltung verwendet werden, umso wichtiger werden die anderen Kontraste, damit das Ergebnis nicht langweilig wirkt. Diese zusätzlichen Kontraste können durch unterschiedliche Blütenformen, Blattformen und Pflanzenhöhen erzielt werden. Aber auch die Verwendung von verschiedenen Blattfarben bringt Abwechslung in die einfarbigen Gestaltungen.

Eine weitere Möglichkeit der Ton-in-Ton-Gestaltung ist, mit verschiedenen Farbschattierungen einer Farbe zu arbeiten. Man kann Rot mit Weiß mischen und ein Beet mit den verschiedenen Farbschattierungen der aufgehellten Rottöne (Hellrot, Rosa) gestalten. Oder man kann Rot mit Schwarz mischen und im Beet lauter dunkle Rotschattierungen (Dunkelrot, Weinrot) verwenden. Die dritte Möglichkeit ist, ein Beet mit reinem Rot und aufgehellten und abgedunkelten Rottönen zu komponieren.

Tipp

Folgende Ton-in-Ton-Gestaltungen finden Sie in diesem Buch: das Mini-Beet „Willkommensbeet ganz in Rot" (Seite 48 f.), „Fröhliches Sonnenbeet ganz in Gelb" (Seite 68 ff.) und „Eleganter Blütenzauber ganz in Weiß" (Seite 124 ff.).

PRAXIS

Das richtige Bepflanzen von Farbbeeten

Pflanzen und ihre Bedürfnisse

Wunderschöne Farben, herrliche Düfte, Eignung als Schnittblumen ... – Pflanzen haben viele Eigenschaften, die sie begehrenswert machen. Bevor man sie aber in den Garten holt, sollte man wissen, welche Bedürfnisse sie haben, wo sie gut wachsen können. Denn nur die richtigen Pflanzen auf dem richtigen Standort können sich optimal entwickeln, lange Jahre blühen und gedeihen. Werden sie am falschen Platz gepflanzt, können sie kümmern, erkranken oder sogar sterben.

Manche Gewächse, wie Schwertlilien, brauchen viel Sonne, andere wieder müssen im Halbschatten oder im vollen Schatten stehen wie Herbst-Anemonen. Es gibt Pflanzen, die brauchen einen sauren Boden wie der Scheinmohn oder einen kalkfreien Boden wie die Bitterwurz. Manche Nieswurzen (etwa die Schneerose) hingegen können nur auf kalkhaltigem Boden wachsen. Es finden sich Pflanzen, die eine trockene, gut durchlässige Erde brauchen wie Lavendel, aber auch welche, die feuchte Erde benötigen wie Sumpf-Vergissmeinnicht. So hat jede Pflanze ihre eigenen Ansprüche an den jeweiligen Standort. Die Informationen über die Bedürfnisse der Pflanzen findet man in Katalogen von Gärtnereien, in Fachbüchern oder Fachzeitschriften oder man sollte sie bei einem Beratungsgespräch in einer Gärtnerei oder Baumschule erhalten.

Für die Farbbeete wurden Pflanzen ausgewählt, die genau für den jeweiligen Standort passen. Man sollte die Pflanzen und auch die Farbbeete danach aussuchen, wo man sie setzen möchte, welche Farben dorthin passen und welche persönlichen Farbvorlieben man hat. Dann kann man sich jahrelang an den farbenprächtigen Beeten erfreuen. Zur Auswahl stehen Beete für sonnige, halbschattige oder vollschattige Lagen, Beete für guten Gartenboden und jeweils ein Beet für sehr trockenen und eines für feuchten Boden. Eine Übersicht aller Beete gibt es auf Seite 135.

Bodenvorbereitung

Die Bodenvorbereitung ist eine aufwändige Arbeit, die sich aber lohnt. Denn eine gute Bodenvorbereitung schafft die Grundlage dafür, dass sich die Pflanzen optimal entwickeln können und man viele Jahre an ihnen Freude hat.

Tipp

Ideal ist es, das Beet im Herbst auf die Pflanzung vorzubereiten und erst im Frühjahr zu bepflanzen. So haben die Wurzelunkräuter genug Zeit, nochmals auszutreiben, und man kann dann die ganze Pflanze entfernen.

Unkraut entfernen

Die Pflanzflächen müssen frei von jeglichem Unkraut sein. Samenunkräuter werden sorgfältig gejätet. Wurzelunkräuter wie Quecke, Giersch oder Winde müssen ausgegraben werden. Man sollte dabei sehr gründlich vorgehen, da sich aus jedem noch so kleinen Wurzelstück eine neue Pflanze entwickeln kann.

Bodenverbesserung

Die meisten Stauden gedeihen am besten in einem „guten" Gartenboden. Hat man einen schweren Lehm- oder Tonboden, müssen Sand und Kompost zur Auflockerung eingearbeitet werden. Bei sandigen, leichten Böden ist die Einbringung von Kompost notwendig. Für die Bodenverbesserung wird eine etwa 5 cm dicke Schicht Kompost, vermengt mit organischem Dünger (zum Beispiel Rizinusschrot), auf das Beet aufgebracht und oberflächlich eingearbeitet. Hat man Pferdemist mitkompostiert, ist eine zusätzliche Düngergabe nicht nötig – der Kompost ist schon der Dünger. Es sollte nur reifer Kompost verwendet werden, der mindestens ein Jahr alt ist und keine Samen oder Wurzeln von Unkräutern und keine Krankheitserreger enthält. Sehr schwere Böden oder solche, die durch Baumaßnahmen sehr stark verdichtet wurden (zum Beispiel bei einer Neuanlage), sollten tiefgründiger gelockert werden. Damit die Pflanzen gut wurzeln können, wird der Boden mit dem Spaten oder der Grabgabel ein bis zwei Spaten tief gelockert.

Unkraut entfernen

Samenunkräuter – wie hier die Vogelmiere – können einfach ausgejätet werden.

Bei Wurzelunkräutern, z. B. Giersch, wird die Pflanze samt Wurzelausläufern ausgegraben.

Den Pflanzplan auf das Beet übertragen

Zunächst kennzeichnet man die Umrisse des Beetes mit einer Schnur, die man an allen vier Eckpunkten des Beetes befestigt. Dann überträgt man mit Hilfe eines Maßbandes die Pflanzflächen vom Plan auf das Beet und markiert sie mit hellem Sand. Die Pflanzpläne sind im Maßstab 1 : 50 gezeichnet, das heißt, 1 cm am Plan entspricht 50 cm im Beet.

Pflanzen vorbereiten und auflegen

Man entfernt die Unkräuter, die eventuell mit den Zierpflanzen im Topf wachsen. Dann taucht man die Pflanzen in einen Kübel mit Wasser, bis keine Luftblasen mehr aufsteigen, um den Wurzelballen zu durchfeuchten. Nun stellt man die Pflanzen entsprechend dem Pflanzplan auf das Beet.

Pflanzen setzen

Die Stauden werden sorgfältig ausgetopft. Wenn die Wurzelballen stark verfilzt sind, werden sie mit der Hand vorsichtig aufgerissen. Mit einer Handschaufel macht man ein Pflanzloch. Dieses sollte so groß sein, dass die Pflanze darin gut Platz hat und in der gleichen Höhe steht wie vorher im Topf. Dann füllt man das Pflanzloch rundherum mit Erde auf und drückt diese gut fest.

Tipp

Damit Sie für die Pflege des Beetes alle Bereiche gut erreichen, sollten Sie schon beim Anlegen des Beetes Trittsteine hineinlegen.

Den Pflanzplan auf das Beet übertragen

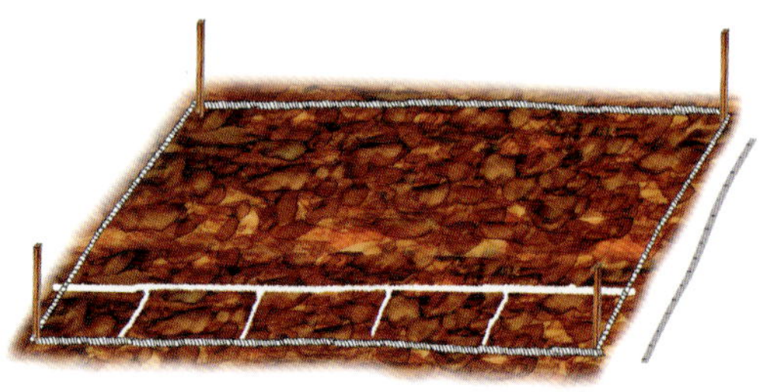

Das Beet wird mit einer Schnur abgesteckt, die Pflanzflächen vom Plan werden mithilfe eines Maßbandes übertragen und mit hellem Sand markiert.

Der Pflanzplan ist fertig übertragen, die Pflanzen werden nach dem Pflanzplan zum Einsetzen vorbereitet.

Die günstigsten Pflanzzeiten sind das Frühjahr und der Herbst. Wenn man im Sommer pflanzt, muss entsprechend mehr gegossen werden.

Mulchen und Gießen

Wenn alle Pflanzen gesetzt sind, wird zwischen den Stauden auf dem ganzen Beet eine etwa 5 cm dicke Schicht aus Grasschnitt (ohne Unkrautsamen) aufgebracht. Das nennt man „Mulchen“ (mehr Information dazu auf Seite 30). Dann wird das Beet gründlich gegossen. Am besten stellt man einen Wassersprenger für etwa 45 Minuten auf – nur in den Morgen- und Abendstunden, da aufgrund der niedrigeren Lufttemperaturen weniger Wasser verdunstet und auch mehr Wasser in den Boden sickern kann.

Sommerblumen säen

In der ersten Zeit nach dem Pflanzen, wenn die Stauden noch sehr klein sind, sieht das Beet ein wenig „nackt“ aus. Wenn die Stauden gepflanzt sind, der Mulch aber noch nicht aufgebracht ist, streut man die Samen locker in den Bereich zwischen zweiter und dritter Staudenreihe. Die Samen sollten aber nicht zu nahe bei den Stauden gesät werden, da sie sonst deren Wachstum beeinträchtigen könnten. Sehr feine Samen vermischt man mit Sand – dann gelingt das lockere Ausstreuen besser.

Blumenzwiebeln legen

Damit die Beete schon im Frühjahr schön blühen, kann man im September/Oktober Blumenzwiebeln legen. Sie sollten aber nicht zu dicht bei den Stauden stehen, da jede Pflanze ihren eigenen Platz braucht, um sich gut zu entwickeln.

Pflanzen setzen

Die ausgetopften Pflanzen werden in das ausgegrabene Loch gesetzt.

Das Pflanzloch wird mit Erde aufgefüllt und diese wird fest angedrückt.

Tipp

Eine Faustregel besagt, dass man eine Zwiebel etwa zwei bis drei Mal so tief legt, wie sie groß ist. Blumenzwiebeln brauchen einen gut durchlässigen Boden. Ist der Boden sehr lehmig, sollte man die Grube für die Zwiebeln tiefer machen und Sand und Kies einbringen, sodass ein guter Wasserabzug gewährleistet ist.

Die richtige Pflege von Farbbeeten

Mulchen

Unter „Mulchen“ versteht man die vollständige Bedeckung des Bodens. Dazu können verschiedene Materialien verwendet werden, wie Grasschnitt (ohne Unkrautsamen), Rindenkompost und Ähnliches. Durch das Mulchen wird die Feuchtigkeit im Boden besser gehalten – man muss weniger gießen. Der Unkrautwuchs wird unterdrückt – man muss weniger jäten.

Außerdem trägt eine Mulchschicht aus Grasschnitt zur Bodenlockerung bei – man muss nicht mehr hacken. Vor Aufbringen einer Mulchschicht sollte die Fläche frei von Unkraut sein. Mulch aus Grasschnitt sollte etwa 5 cm dick auf der Fläche aufgelegt werden. Sobald die Mulchschicht abgebaut ist, wird sie neu aufgebracht.

Düngen

Damit die Pflanzen gut gedeihen und jedes Jahr schön blühen, brauchen sie Nährstoffe. Es gibt zwei große Gruppen von Düngern: organische und mineralische.

Zu den so genannten organischen Düngern zählt der Kompost. Reifer, gut gelagerter Kompost, bei dem Pferdemist, den man in einem Reitstall erhält, mitkompostiert wurde, ist ein hervorragender Staudendünger. Er wird am besten im Winter oder zeitigen Frühjahr in einer Menge von etwa 100 bis 150 g/m^2 in die Flächen zwischen den Stauden eingestreut. Die Beete haben eine Fläche von 5,4 m^2. Auf diese Fläche umgerechnet bedeuten 150 g/m^2 Kompost etwa einen Spaten oder sechs gehäufte Handschaufeln voll Kompost.

Die zweite Möglichkeit sind Mineraldünger. Die genauen Mengenangaben findet man auf der Packung. Idealerweise sollte man den Dünger in zwei Gaben ausbringen., die erste beim Austreiben der Pflanzen und die zweite im Juni. Für Beete in halbschattiger bis schattiger Lage genügt eine einmalige Düngergabe von etwa 50 g/m^2 Kompost (zwei gehäufte Handschaufeln voll) im Winter oder im Mai.

Nach Ende Juli sollte man keinesfalls mehr düngen, da die Triebe dann nicht mehr ausreichend ausreifen können. Es besteht dann die Gefahr, dass die Pflanzen im Winter erfrieren.

Tipp

Düngen Sie nicht zu viel! Denn wenn die Pflanze zu viele Nährstoffe, vor allem Stickstoff, erhält, kann sie das sogar schwächen. Manche Pflanzen werden dann „mastig“ und anfälliger für Krankheiten und Schädlinge.

Unkraut jäten

Im Jahresverlauf ist regelmäßiges Unkrautjäten wichtig, da die Unkräuter sonst das Wachstum der Zierpflanzen beeinträchtigen. Manche Stauden sehen beim Austreiben im Frühjahr Unkräutern ähnlich. So wurden zum Beispiel die zarten Blättchen der Mädchenaugen 'Moonbeam' und 'Zagreb' schon mit Unkräutern verwechselt. Auch wenn man Sommerblumen eingesät hat, ist Vorsicht beim Jäten geboten. Am besten lässt man die winzigen Pflanzen noch ein wenig wachsen und entfernt sie erst, wenn man sicher ist, dass es sich um Unkräuter handelt.

Die Menge der Stauden für die Farbbeete ist so gewählt, dass sich die Pflanzen in etwa ein bis zwei Jahren gut „zusammengewachsen" haben sollten und kein oder kaum mehr Unkraut aufkommt. Eine Mulchschicht aus Grasschnitt, gleich nach dem Setzen der Pflanzen aufgebracht, vermindert den Unkrautwuchs beträchtlich.

Gießen

Gießen ist vor allem in den ersten ein bis zwei Jahren sehr wichtig, also so lange, bis sich die Pflanzen eingewachsen haben. Idealerweise werden die Stauden aber von Anfang an dazu „erzogen", dass sie ihre Wurzeln tief in die Erde strecken. Das heißt, dass man nicht jeden Tag etwas, sondern ein bis zwei Mal pro Woche ausgiebig gießt. In den Folgejahren ist dann weniger Gießaufwand nötig. In regenreichen Gebieten wird man manche Beete wenig oder sogar gar nicht gießen müssen, in trockeneren Lagen oder während langer Trockenperioden dann allerdings umso mehr. Mit der Zeit weiß man sehr genau über den Wasserbedarf der einzelnen Beete Bescheid.

Stützen

Manche Pflanzen, wie hoher Rittersporn, Wiesenraute oder Astern, brauchen eine Stütze, damit sie nicht umfallen oder auseinander fallen. Man sollte sie möglichst so stützen, dass sie natürlich aussehen und man die Stützhilfe möglichst wenig oder gar nicht sieht. Wichtig ist es auch, die Pflanzen zeitgerecht zu stützen, also nicht erst, wenn sie schon ganz ausgewachsen sind. Im Fachhandel gibt es unterschiedliche Stützen für Stauden – aus Holz, Bambus, Metall oder Kunststoff. Praktisch sind diejenigen, die man mit zunehmender Höhe der Pflanzen verstellen kann.

Tipp

Auch der eigene Garten kann passende Pflanzenstützen bereit halten. Wer Haselnusssträucher hat, schneidet ein paar Zweige ab und steckt sie zwischen die heranwachsenden Stauden, wie zum Beispiel Astern. Diese Zweige eignen sich als Stützhilfe deshalb so gut, weil die Haselnusssträucher viele kleine Seitenzweige haben. Die Zweige sollten etwas kürzer sein, als die Pflanzen hoch werden. So kann die Pflanze diese mit der Zeit überwachsen und sie sind (fast) nicht mehr sichtbar.

Schnittmaßnahmen

Der Pflegeschnitt: Im Frühjahr werden die abgestorbenen Blätter abgeschnitten, um den jungen Blättern Platz zu machen. Vom Rückschnitt im Herbst kommt man immer mehr ab, da die Blätter einen wirkungsvollen Winterschutz für viele Stauden bilden und sie überdies attraktiv aussehen. Manche Pflanzen werden aber nach der Blüte zurückgeschnitten, damit sie kompakter bleiben, wie das Sonnenröschen oder das Hornkraut.

Der Schnitt gegen Selbstaussaat: Verschiedene Stauden schneidet man nach der Blüte zurück, um zu verhindern, dass sie sich selbst aussäen. Dazu gehören die Dreimasterblume oder die Goldrute, aber auch Zwiebelblumen wie Tulpen und Narzissen. Bei den Zwiebelblumen werden nur die abgeblühten Stängel herausgeschnitten. Die Blätter müssen so lange an der Pflanze belassen bleiben, bis sie ganz vertrocknet sind. Schneidet man sie zu früh ab, kann es sein, dass die Pflanze nicht mehr blüht. Die Zwiebelblumen sind in den Farbbeeten so angeordnet, dass sie nach ihrem Abblühen von den Stauden überwachsen werden und man ihre Blätter gar nicht mehr sieht. Wenn man nicht möchte, dass sich Sommerblumen – wie Studentenblumen – selbst aussäen, so muss man auch hier das Verblühte entfernen.

Der Blütenschnitt: Bei manchen Stauden wie Rittersporn oder Katzenminze, die zwei Mal blühen, schneidet man die abgeblühten Stängel bis auf eine Handbreit über dem Boden zurück, damit die Pflanzen ein paar Wochen später nochmals blühen. Wenn man dann ein wenig düngt und bei Trockenheit gießt, fördert das den Neuaustrieb und die Blütenbildung. Bei anderen Stauden sollte man laufend alles Verblühte herauspflücken. Einige Mädchenaugen-Arten und das Sonnenauge werden so zu einer längeren Blüte angeregt (siehe Illustration auf Seite 32).

Blütenschnitt

Für eine zweite Blüte schneidet man beim Rittersporn die abgeblühten Stängel bis auf eine Handbreit über dem Boden zurück.

Beim Sonnenauge werden laufend die verblühten Stängel abgezupft. Das regt die Pflanze zur Bildung neuer Blüten an.

Verjüngen

Nach einigen Jahren bilden viele Stauden kleinere Blätter, sie blühen nicht mehr so üppig oder verkahlen in der Mitte. Je nach Staudenart kann das drei bis fünf Jahre (Katzenminze) oder acht bis zehn Jahre dauern (Goldhaar-Aster, Perlkörbchen). Nun ist es Zeit, die Stauden zu verjüngen – und zwar durch Teilen der Pflanzen. Zum Teilen nimmt man die Staude vorsichtig mit der Grabgabel aus der Erde. Je nach Pflanzenart und Größe des Wurzelstocks teilt man sie mit den Händen, der Schere oder dem Spaten in kleinere Teilstücke (siehe gegenüberliegende Illustrationen). Ein Teilstück setzt man unter Zugabe von Kompost und Dünger wieder in das Beet. Die übrigen Teilstücke kann man an eine andere Stelle des Beetes oder in ein anderes Beet pflanzen, verschenken oder bei einer Pflanzenbörse tauschen.

Zu beachten ist, dass eine besondere Gruppe von Stauden gar nicht geteilt werden soll. Dazu gehören die Schneerosen und die Pfingstrosen. Diese gedeihen am besten, wenn man sie ihr Leben lang am gleichen Standort stehen lässt.

Verjüngen

Teilung mit der Hand

Teilung mit einem Spaten

Winterschutz

Die meisten in diesem Buch erwähnten Stauden sind winterhart. Einige Stauden benötigen vor allem in rauer Lage (ohne dauerhafte Schneedecke) einen Winterschutz. Herbst-Anemonen zum Beispiel sind in solchen Lagen sehr dankbar, wenn man im Herbst eine dicke Schicht trockenes Laub um sie herum aufbringt. Bei Pflanzen mit wintergrünen Blättern, wie Sonnenröschen, ist eine lockere, dachziegelartige Abdeckung mit Fichtenzweigen von Vorteil.

Tipp

Nehmen Sie als Winterschutz lieber Fichtenzweige als Tannenzweige, da sie gegen Winterende allmählich die Nadeln verlieren und die Stauden sich wieder ans Licht gewöhnen können. Wenn Sie ein Beet im Herbst neu auspflanzen, dann freuen sich alle Stauden über eine lockere Abdeckung mit Fichtenzweigen.

Die richtige Platzierung der Farbbeete im Garten

Die Farbbeete können in den verschiedensten Gartenbereichen gepflanzt werden. Man sollte den Platz für ein Beet jedoch nach den Standortbedürfnissen der Pflanzen und ihren Farben auswählen. (Die Tabelle auf Seite 135 gibt einen Überblick darüber, welches Beet für welchen Standort geeignet ist.) Folgende drei Beispiele zeigen, wie die Beete an verschiedenen Standorten aussehen.

Farbbeet vor dem Haus

Ein Farbbeet vor dem Haus ist ein schöner, zusätzlicher Schmuck. Da die Pflanzen maximal 1,50 m hoch sind, stören sie nicht den Blick aus dem Fenster. Zu hellen Häusern, die Weiß oder Gelb gestrichen sind, passt zum Beispiel besonders gut der „Lebhafte Farbentanz in Rot, Gelb und Blau". Zu dunkel gestrichenen Häusern (zum Beispiel in Braun) passen sehr gut das „Fröhliche Sonnenbeet ganz in Gelb" oder der „Elegante Blütenzauber ganz in Weiß".

Tipp

Das „Flammende Farbfeuerwerk in Rot, Orange und Gelb" (siehe Seite 56 ff.) wirkt sowohl vor hellen als auch vor dunklen Hausfassaden stimmig.

Farbbeet vor einer Hecke

Eine Hecke bildet einen idealen Hintergrund für ein Farbbeet. Liegt der Platz vor einer Hecke sonnig bis halbschattig, wirkt zum Beispiel das Beet „Eleganter Blütenzauber ganz in Weiß" hier sehr gut.

Ist die Lage halbschattig bis vollschattig, eignen sich die Beete „Helles Schattenlicht in Grün und Weiß" und „Zarter Farbentanz in Gelb, Rosa und Blau" gut. Bei dieser Variante sollte man die Pflanzen in der dritten und vierten Pflanzreihe etwas weiter auseinander setzen. Dann sieht das Beet lockerer aus und fügt sich besser in die Umgebung ein.

Farbbeet bei der Terrasse

Die Terrasse ist ein Ort, wo man am Abend oder am Wochenende gemütlich isst, lustig spielt oder den Tag ausklingen lässt. Je nach Vorliebe kann man hier ganz unterschiedliche Beete pflanzen. Das „Romantische Traumbeet in Blau, Violett, Rosa und Weiß" verbreitet eine zauberhafte, beschauliche Stimmung. Das „Flammende Farbfeuerwerk in Rot, Orange und Gelb" wirkt in der Abendsonne besonders schön, weil dann die Farben feurig aufleuchten. Und der „Elegante Blütenzauber ganz in Weiß" wird immer leuchtender und geheimnisvoller, je dunkler es wird.

Der richtige Standort für das Farbbeet

Beet vor dem Haus: Ein buntes Beet – hier der Farbdreiklang in Rot, Gelb und Blau – heißt Bewohner wie Besucher willlkommen.

Beet vor einer Hecke: Vor der grünen Hecke kommt das Farbbeet „Zarter Farbentanz in Gelb, Rosa und Blau“ besonders gut zur Geltung.

Beet bei der Terrasse: Am Abend kann man gemütlich auf der Terrasse sitzen und die Farbenpracht des Beetes „Flammendes Farbfeuerwerk in Rot, Orange und Gelb“ genießen.

Die Farbbeete individuell kombinieren

Geeignete Pflanzen für die Farbbeete

Blütenstauden sind die Hauptdarsteller in den Farbbeeten. Die Beete sind so geplant, dass vom Frühsommer bis zum Herbst immer eine andere Staude blüht. Es wurde darauf geachtet, möglichst Stauden zu verwenden, die einerseits pflegeleicht sowie nicht oder kaum krankheitsanfällig sind und die sich andererseits nicht zu stark verbreiten. Etwa ab dem dritten Jahr haben sich die Pflanzen „zusammengewachsen“ und die Beete blühen in herrlicher Farbenpracht.

Wer die Beete noch üppiger und farbenprächtiger gestalten möchte, kann zusätzlich Zwiebelblumen setzen und Sommerblumen einsäen. Mit den Zwiebelblumen beginnen die Farbbeete bereits im Frühjahr zu blühen. Zu jedem Farbbeet gibt es daher Vorschläge für Zwiebel- und Sommerblumen, die zu den Standortansprüchen und den Farben der Stauden passen.

Die „Spielanleitung“ – so können die Farbbeete kombiniert werden

Man kann die Beete einzeln setzen, also „solo“. Man kann die Beete aber auch als „Bausteine“ verwenden und beliebig aneinander fügen. Je nach vorhandenem Platz und Pflegekapazität sind der Phantasie keine Grenzen gesetzt (Beispiele für mögliche Kombinationen finden Sie auf Seite 37).

Mini-Beete

Viele Gartenbesitzer haben kleine Gärten. Daher gibt es von jedem Farbbeet auch eine 1 x 1 m große Mini-Variante. Wie bei den großen Beeten blüht hier immer etwas vom Frühsommer bis zum Herbst – und man kann auch ein paar Zwiebelblumen und Sommerblumen einbringen. Anders als bei den großen Farbbeeten blühen die Farbkompositionen aber nicht gleichzeitig, sondern im Jahresverlauf. Als Beispiel sei der „Mini-Dreiklang in Rot, Gelb und Blau“ genannt: Im Frühling blüht das goldgelbe Steinkraut, im Sommer die zitronengelbe Taglilie und die zinnoberrote Brennende Liebe und im Herbst die strahlend blaue Bleiwurz.

Die beschriebene „Spielanleitung“ gilt ebenfalls für die Mini-Beete. Sie werden etwa als Blickfang im Vorgarten oder als Bausteine angesehen: In einem schmalen, langen Beet kann man die Mini-Beete so oft man möchte nebeneinander setzen.

Tipp

In den ersten ein bis zwei Jahren sind die Stauden noch kleiner und das Beet wirkt noch nicht so prächtig wie später. Sommerblumen können schon in dieser Zeit mehr Farbenpracht und Blütenfülle in die Farbbeete bringen.

Kombination der Farbbeete

Das Farbbeet kann einfach „solo“ gesetzt werden.

Steht mehr Platz zur Verfügung, so ist es möglich, die Farbbeete zum Beispiel zwei Mal nebeneinander zu setzen. Es entsteht eine Beetfläche von 6 x 1,80 m.

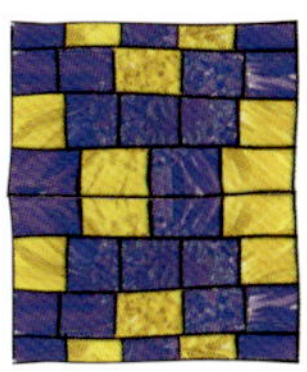

Werden die Farbbeete „gespiegelt“, entsteht eine Beetfläche von 3 x 3,60 m.

ROT

Wirkung von Rot und seine Verwendung im Garten

Rot ist die „Farbe der Farben", der Inbegriff von Farbe, der Inbegriff von Bunt. Viele Menschen nennen spontan „Rot", wenn sie nach einer Farbe gefragt werden. Rot steht für das Leben, die Liebe und die Leidenschaft. Es ist eine kraftvolle, energievolle, eine mächtige Farbe. Rot ist daher keine Farbe für den Ruheplatz im Garten, sondern passt an einen Ort zum Auftanken der Energie, wenn man müde und erschöpft ist. Rot ist aber auch die Farbe der Aggression und der Wut. Man sagt ja auch „Jemand sieht Rot". Rot ist auf jeden Fall eine auffallende Farbe – ein richtiger Blickfang für jeden Garten. Daher sollte sie in der Gestaltung mit Bedacht eingesetzt werden.

Chrysanthemen (hier: *Chrysanthemum zawadskii* var. *latilobum*) sind dankbare Herbstblüher.

Rote Farbtupfer für mehr Lebendigkeit

Am besten verwendet man Rot im Garten wie ein scharfes Gewürz – sehr sparsam und gezielt. Denn diese Farbe zieht alle Blicke auf sich. Ein Zuviel an Rot würde alle anderen Farben und Pflanzen einfach in den Schatten stellen. Hübsch ist es, in bunte Beete einzelne rot blühende Pflanzen einzubringen. Schön wäre hier zum Beispiel die zinnoberrote Brennende Liebe oder der Staudenmohn in feurigem Rot. Das kunterbunte Beet gewinnt durch diese zarte rote Blütenprise – es wirkt gleich viel lebendiger.

Eine Ausnahme stellen sehr große Beete dar. Hier können sogar kleine Gruppen rot blühender Pflanzen gesetzt werden. Der erdverbundene Charakter des Rots gibt der Gestaltung mehr Zusammenhalt und die Beete wirken dann mehr wie aus einem Guss.

Tipp

Taglilien gibt es in vielen Rottönen, von hellroter 'Crimson Pirat' über zinnoberrote 'Bright Dancer', weinrote 'Farthing' bis zu samtroter 'Red Precious'. Mit diesen prachtvollen Pflanzen gelingen auflockernde Farbtupfer, aber auch größere Farbgruppen, die zwischen Juni und August blühen.

Rot als Blickfang – anziehend und unwiderstehlich

Rot ist eine leidenschaftliche Farbe, die sich nicht verstecken kann (und das auch gar nicht will). Rot leuchtet noch aus der hintersten Ecke des Gartens hervor. Diese Eigenschaft kann man gut nützen. Manche Gartengrundstücke sind sehr lang gestreckt, sie scheinen gar kein Ende zu nehmen. Im hinteren Bereich so eines Gartens oder sogar an die hintere Grenze passt eine Gestaltung mit viel Rotblühendem ganz hervorragend. Rot verkürzt nämlich die Blickachse und der Garten wirkt viel kürzer, als er in Wirklichkeit ist. Außerdem wird das Interesse geweckt – man fragt sich, was denn dort ganz hinten so schön rot hervorwinkt. Man bekommt Lust, das lockende Rot zu erforschen und macht so einen Spaziergang durch den ganzen Garten.

Einladender Willkommensgruß

Rot ist eine warme und freundliche Farbe – sie sieht richtig einladend aus. Ein kleines rotes Beet, neben dem Hauseingang oder dem Garteneingang gepflanzt, bereitet jeden Tag eine kleine Freude. Es wirkt wie ein blühender Willkommensgruß.

Tipp

Gestalten Sie Ihr Willkommensbeet so, dass das ganze Jahr über etwas herrlich Rotes blüht. So wird das Beet zum Blickfang! Ein besonders schönes Beispiel finden Sie auf Seite 49: ein Mini-Beet für eine Gestaltung ganz in Rot.

Ein Beet in Rot ist ein schöner Blickfang in jedem Garten.

Tipp

Setzen Sie ganz bewusst Akzente mit Rot. Schon ein paar rote Blumen in eine unscheinbare, vielleicht sogar ungemütliche Gartenecke gepflanzt, verbreiten eine freundliche Stimmung. Hierher passt das Fingerkraut, welches im Sommer blüht und dekorative Blätter hat, die jenen der Erdbeere ähnlich sind. Orangerot sind die Blüten der Sorte 'Flamenco', scharlachrot die von 'Gibson's Scarlet'. Wenn Sie laufend Verblühtes entfernen, erscheinen immer wieder neue Blüten.

Lebhafter Farbentanz in Rot, Gelb und Blau

Ein Farbdreiklang in Rot, Gelb und Blau erinnert in seiner Stimmung an einen Bauerngarten oder einen Volkstanz und wirkt lebhaft und beschwingt. Wer gerne ein auffallendes Beet möchte, das dennoch nicht allzu bunt sein soll, entscheidet sich für diese Farbkombination. Die mächtige Kraft des Rots wird durch das ruhige Blau etwas gedämpft, das manchmal zu laute Gelb fügt sich schön ins Bild. Das sonst oft so ruhige Blau verliert seine Zurückhaltung und lässt sich mitreißen von der überschäumenden Begeisterung von Gelb und Rot. Das richtige „Kräftegleichgewicht" vereint diese drei so gegensätzlichen Farben zu einem harmonischen Gesamtbild.

Blütenzauber das ganze Jahr über

Schon im Frühling beginnt das bunte Treiben der drei starken Farben. Das Steinkraut blüht mit überquellender goldgelber Blütenfülle, ergänzt vom leuchtend roten Purpurglöckchen und dem Ruhepol der blaugrünen Polster des Blauschwingels.

Der Sommer begeistert mit zinnoberroter Brennender Liebe, einer wunderschönen Symbolpflanze für die Leidenschaft der Farbe Rot. Zauberhaft wirken die Taglilien, die zitronengelbe Sorte 'Citrina' und die goldgelbe 'Corky'. In Blau strahlt die Dreimasterblume mit großen, tiefblauen Blüten.

Der Herbst hat gleichfalls Feurig-Fröhlich-Strahlendes zu bieten. Die Chrysantheme 'Oury' ist mit ihren weinroten, einfachen Blüten eine wunderbare Herbstblüherin. Ein echter Exote für das Blumenbeet ist der Azur-Salbei, er hat wunderschöne, rein blaue Blüten. Mit der hellgelben, reich blühenden Staudensonnenblume wird der Herbst-Dreiklang perfekt.

Die Pflanzen und Farben dieses Beetes kann man nicht übersehen, sie werden immer im Mittelpunkt stehen und ihre Energie lustvoll verströmen – das warme Feuer des Rots, das fröhliche Leuchten des Gelbs und das kühle Strahlen des Blaus.

Tipp

Die Brennende Liebe und die Dreimasterblume können nach ihrer Hauptblüte im Sommer noch ein zweites Mal blühen. Bei der Brennenden Liebe schneiden Sie am besten gleich nach der Blüte alles Verblühte heraus.

Die Stängel der Dreimasterblume kürzen Sie nach der Blüte etwa um die Hälfte. Das begünstigt nicht nur eine zweite Blüte, sondern verhindert ebenso das Aussamen. Bereits nach wenigen Wochen können Sie sich an einem zweiten Blütenflor erfreuen.

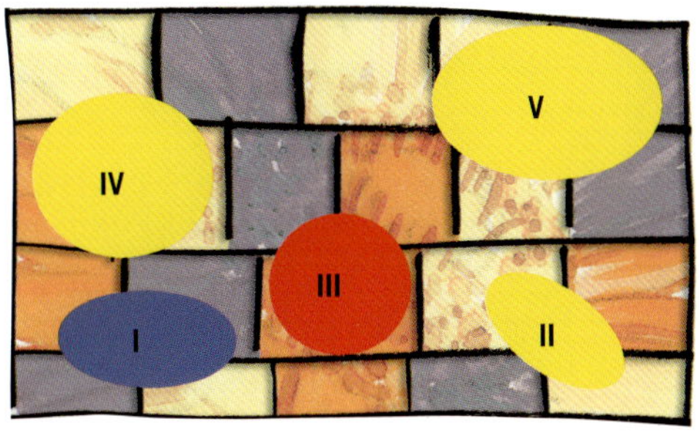

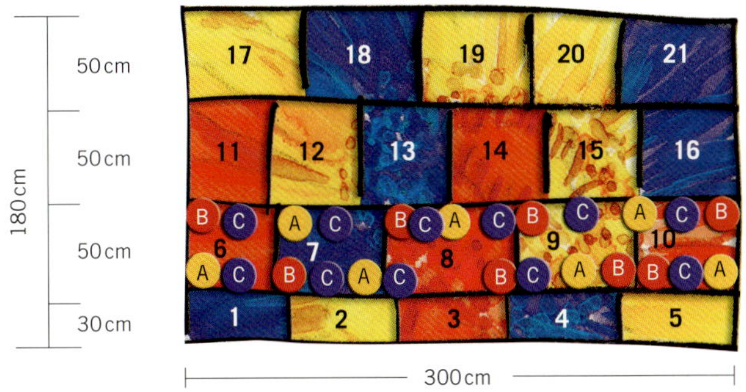

Stauden

Nr.	dt. Name, wiss. Name, Sorte	Stück/Abstand
1	Kriech-Hornnarbe (Syn.: Bleiwurz) *Ceratostigma plumbaginoides*	3 Stk./10 cm
2	Felsen-Steinkresse (Syn.:Steinkraut) *Aurinia saxatilis*	1 Stk.
3	Sonnenröschen *Helianthemum* 'Red Orient'	2 Stk./10 cm
4	Blau-Schwingel *Festuca glauca* 'Azurit'	1 Stk.
5	Großblütiges Fingerkraut *Potentilla megalantha*	1 Stk.
6	Fingerkraut *Potentilla* 'Gibson's Scarlet'	1 Stk.
7	Garten-Dreimasterblume *Tradescantia* x *andersoniana* 'Zwanenburg Blue'	1 Stk.
8	Taglilie *Hemerocallis* 'Crimson Pirat'	1 Stk.
9	Schafgarbe *Achillea*-Hybride 'Moonshine'	2 Stk./10 cm
10	Garten-Purpurglöckchen *Heuchera* x *brizoides* 'Leuchtkäfer'	3 Stk./10 cm
11	Gärtner-Chrysantheme *Chrysanthemum* x *grandiflorum* 'Oury'	2 Stk./10 cm
12	Zitronen-Taglilie *Hemerocallis citrina*	1 Stk.
13	Ruten-Hirse *Panicum virgatum* 'Heavy Metal'	2 Stk./10 cm
14	Brennende Liebe *Lychnis chalcedonica*	1 Stk.
15	Taglilie *Hemerocallis* 'Corky'	1 Stk.
16	Blaue Färberhülse (Syn.: Indigolupine) *Baptisia australis*	1 Stk.
17	Gärtner-Chrysantheme *Chrysanthemum* x *grandiflorum* 'Schaffhausen'	1 Stk.
18	Blauer Salbei *Salvia azurea* var. *grandiflora*	2 Stk./15 cm
19	Stauden-Sonnenblume *Helianthus* x *multiflorus* 'Capenoch Star'	1 Stk.
20	Gelbe Wiesenraute *Thalictrum flavum* ssp. *glaucum*	1 Stk.
21	Raublatt-Aster *Aster novae-angliae* 'Barr's Blue'	1 Stk.

Knollen- und Zwiebelblumen

Nr.	dt. Name, wiss. Name	Stück	Abstand/Pflanztiefe
I	Armenische Traubenhya- zinthe *Muscari armeniacum*	45	10 x 10 cm/5 cm
II	Krokus *Crocus*	45	10 x 10 cm/5 cm
III	Triumph-Tulpe *Tulipa*-Hybriden	20	15 x 15 cm/20 cm
IV	Tulpe *Tulipa*-Hybriden	20	15 x 15 cm/20 cm
V	Trompeten-Narzisse *Narcissus*-Hybriden	20	15 x 15 cm/20 cm

Sommerblumen

Nr.	dt. Name, wiss. Name	Anzucht
A	Garten-Ringelblume *Calendula officinalis*	Aussaat direkt ins Beet: IV–V
B	Zinnie *Zinnia elegans*	Vorziehen: II–IV Auspflanzen: V–VI
C	Kornblume *Centaurea cyanus*	Aussaat direkt ins Beet: IV–V

Lebhafter Farbentanz in Rot, Gelb und Blau im Jahresverlauf

Beet im Frühling mit dazwischengepflanzten Zwiebelblumen (Februar–April)

Beet im Frühsommer (Mai–Juni)

Beet im Hochsommer (Juli–August)

Beet im Herbst (September–Oktober)

Beet im ersten Jahr

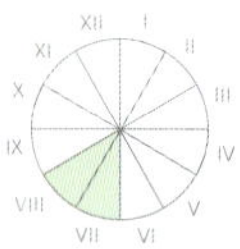

Beet im Hochsommer (Juli–August) – im ersten Jahr nach Neupflanzung mit eingesäten Sommerblumen

Variationen in Rot, Gelb und Blau für drinnen und draußen

Sie können sich den lebhaften, bunten Dreiklang auch ins Zimmer holen. Für einen Frühlingsstrauß schneiden Sie sonnengelbe Narzissen und feuerrote Tulpen. Lassen Sie die Pflanzen aber einen Tag lang in getrennten Vasen stehen. Narzissen und Tulpen scheiden nämlich Stoffe aus, die andere Schnittblumen nicht vertragen. Am nächsten Tag können Sie sie getrost in eine gemeinsame Vase stellen. Die kleine azurblaue Traubenhyazinthe sieht in einer Minivase sehr hübsch aus. Schöne Sommersträuße gestalten Sie mit schwefelgelber Schafgarbe, zinnoberroter Brennender Liebe und den blaugrünen Blättern der Ruten-Hirse. Weinrote Chrysanthemen, tiefblaue Astern und hellgelbe Stauden-Sonnenblumen sind ein wunderbarer Herbstschmuck für Ihr Blumenzimmer.

Winterschönheiten

Sogar im Winter ist Ihr Beet noch attraktiv. Sonnenröschen, Blau-Schwingel und Purpurglöckchen schmücken das Beet mit ihren hübschen, wintergrünen Blättern; mit Reif oder Schnee bedeckt, funkeln sie herrlich im Sonnenlicht!

Mini-Beet in Rot, Gelb und Blau

Stauden

Nr.	dt. Name, wiss. Name	Stück/Abstand
1	Kriech-Hornnarbe (Syn.: Bleiwurz) *Ceratostigma plumbaginoides*	2 Stk./10 cm
2	Felsen-Steinkresse (Syn.: Steinkraut) *Aurinia saxatilis*	1 Stk.
12	Zitronen-Taglilie *Hemerocallis citrina*	1 Stk.
14	Brennende Liebe *Lychnis chalcedonica*	1 Stk.

Tipp

Setzen Sie im September/Oktober ein paar gelbe Krokusse, blaue Traubenhyazinthen und rote Tulpen zwischen die Stauden. Dann beginnt Ihr farbenfroher Dreiklang schon viel früher, nämlich im Februar/März, zu blühen. Streuen Sie ein paar Samen von goldgelber Ringelblume und strahlend blauer Kornblume in das kleine Beet. Die kirschrote Zinnie sollten Sie drinnen vorziehen und erst nach den Eisheiligen (Maifröste) ins Beet setzen. So wird Ihr „Mini-Dreiklang“ vom Sommer bis zum Herbst noch bunter!

Willkommensbeet ganz in Rot

Eine Gestaltung ganz in Rot zeigt sehr schön die warme, optimistische Ausstrahlung dieser Farbe. Richtig herzlich wirkt das Rot und heißt alle willkommen, die näher treten. Wenn man erschöpft oder einfach nur müde ist, kann man sich auch Kraft aus dieser positiven Quelle holen.

Rote Tulpen (*Tulipa*-Hybriden) bringen schon früh im Jahr fröhliche Farbtupfer in den Garten.

Das ganze Jahr lang erfreut die Farbe Rot: beginnend mit feuerroter Nelkenwurz 'Feuerball' im Mai über blutrote Taglilie 'Tang' im Juni und dunkelrote Sonnenbraut 'Rubinzwerg' im Juli bis zur tiefroten Chrysantheme 'Ceddie Mason' im September. Die Blüten der Chrysantheme machen sich auch schön in der Vase. Wer Rot besonders liebt, kann einen „Feuervogel" aus Keramik im Beet platzieren. Dieser verstärkt die feurige Komponente der roten Blüten noch mehr.

Ob als Begrüßungsbeet im Vorgarten oder als Kraftbeet zum Energietanken – Rot ist auf jeden Fall die perfekte Wahl.

Tipp

Ihre rote Kraftquelle kann schon im März/April sprudeln, wenn Sie feuerrote Tulpen zu den Stauden setzen. Niedrige Wildtulpen finden ihren Platz nahe der Taglilie, höhere Prachttulpen sind bei der Sonnenbraut oder der Chrysantheme besser aufgehoben.

Von roter Kapuzinerkresse gibt es Sorten, die kleiner bleiben und buschiger wachsen. Ein, zwei Stück würden sich in diesem Beet sehr nett machen. Die Kapuzinerkresse hat zwei Vorteile: Sie blüht fleißig den ganzen Sommer lang und Sie können ihre Blätter und Blüten verspeisen.

Mini-Beet ganz in Rot als Willkommensgruß

Stauden

Nr.	dt. Name, wiss. Name	Stück/Abstand
22	Garten-Nelkenwurz *Geum* x *cultorum* 'Feuerball'	2 Stk./10 cm
23	Taglilie *Hemerocallis* 'Tang'	1 Stk.
24	Sonnenbraut (Syn.: Sonnenhut) *Helenium* 'Rubinzwerg'	1 Stk.
25	Gärtner-Chrysantheme *Chrysanthemum* x *grandiflorum* 'Ceddie Mason'	1 Stk.

Alle Pflanzen des Kapitels auf einen Blick

Stauden

Nr.	dt. Name, wiss. Name, Sorte	Blütezeitraum	Höhe (cm)	Merkmale/ Pflege	Besonderheiten
14	Brennende Liebe *Lychnis chalcedonica*	VI–VII (rot)	100	bei Rückschnitt des Verblühten zweite Blüte	
11	Gärtner-Chrysantheme *Chrysanthemum* x *grandiflorum* 'Oury'	IX–X (rot)	90	einfache Blüten/in rauer Lage Winterschutz nötig	
6	Fingerkraut *Potentilla* 'Gibson's Scarlet'	VI–VII (rot)	40	bei Rückschnitt des Verblühten zweite Blüte	
10	Garten-Purpurglöckchen *Heuchera* x *brizoides* 'Leuchtkäfer'	V–VI (rot)	40	ältere Pflanzen teilen und tiefer setzen	
3	Sonnenröschen *Helianthemum* 'Red Orient'	VI–VIII (rot)	15	blüht lang/Rückschnitt: März bzw. August (nach Blüte), Schutz vor Wintersonne: mit Reisig abdecken	
8	Taglilie *Hemerocallis* 'Crimson Pirat'	VI–VIII (rot)	70		
5	Großblütiges Fingerkraut *Potentilla megalantha*	VI–VII (gelb)	20		
9	Schafgarbe *Achillea*-Hybride 'Moonshine'	VI–VII (gelb)	40	silbrig graue Blätter	
2	Felsen-Steinkresse (Syn.: Steinkraut) *Aurinia saxatilis*	IV–V (gelb)	20		
12	Zitronen-Taglilie *Hemerocallis citrina*	VI–VII (gelb)	70		
15	Taglilie *Hemerocallis* 'Corky'	VI–VIII (gelb)	80	rötliche Blütenstiele, blüht lang	
17	Gärtner-Chrysantheme, *Chrysanthemum* x *grandiflorum* 'Schaffhausen'	IX–X (gelb)	100	einfache Blüten/in rauer Lage Winterschutz nötig	
19	Stauden-Sonnenblume, *Helianthus* x *multiflorus* 'Capenoch Star'	IX–X (gelb)	120	fällt nicht um	
20	Gelbe Wiesenraute *Thalictrum flavum* ssp. *glaucum*	VI–VII (gelb)	120	auch nach der Blüte schön	
4	Blau-Schwingel *Festuca glauca* 'Azurit'	VI–VII (blau)	30	stahlblaue Blätter, blühfaul	

Stauden

Nr.	dt. Name, wiss. Name, Sorte	Blütezeitraum	Höhe (cm)	Merkmale/ Pflege	Besonderheiten
1	Kriech-Hornnarbe (Syn.: Bleiwurz) *Ceratostigma plumbaginoides*		25	schöne Herbstfärbung (orange, rot), treibt spät aus	
7	Dreimasterblume *Tradescantia* x *andersoniana* 'Zwanenburg Blue'	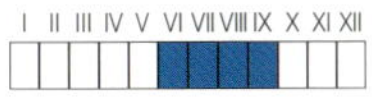	40	Stängel nach Blüte um Hälfte zurückschneiden (fördert zweite Blüte, verhindert Aussamen)	
16	Blaue Färberhülse (Syn.: Indigolupine), *Baptisia australis*		bis 120	blau bereifte Blätter, Laub bis in den Herbst schön	
21	Raublatt-Aster *Aster novae-angliae* 'Barr's Blue'		120	blaugrüne Blätter	
13	Ruten-Hirse *Panicum virgatum* 'Heavy Metal'	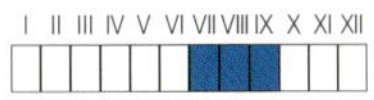	bis 120		
18	Blauer Salbei *Salvia azurea* var. *grandiflora*		120	Frühjahrspflanzung	

Stauden „Mini-Beet ganz in Rot“

Nr.	dt. Name, wiss. Name, Sorte	Blütezeitraum	Höhe (cm)	Merkmale/ Pflege	Besonderheiten
25	Gärtner-Chrysantheme *Chrysanthemum* x *grandiflorum* 'Ceddie Mason'		100	in rauer Lage Winterschutz nötig	
22	Garten-Nelkenwurz *Geum* x *cultorum* 'Feuerball'	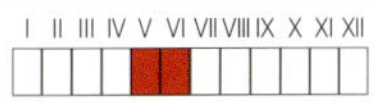	50	halbgefüllte Blüten/ blüht ab Juni nach bei Rückschnitt des Verblühten	
24	Sonnenbraut (Syn.: Sonnenhut) *Helenium* 'Rubinzwerg'	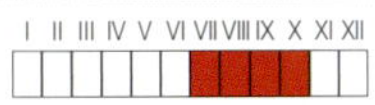	80	blüht lang	
23	Taglilie *Hemerocallis* 'Tang'	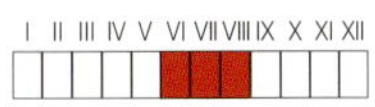	70		

Knollen- und Zwiebelpflanzen

Nr.	dt. Name, wiss. Name, Sorte	Blütezeitraum	Höhe (cm)	Merkmale/ Pflege	Besonderheiten
III	Triumph-Tulpe *Tulipa*-Hybriden	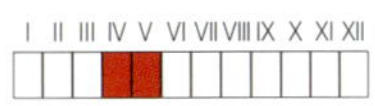	40		
II	Krokus *Crocus*		10		
V	Trompeten-Narzisse *Narcissus*-Hybriden	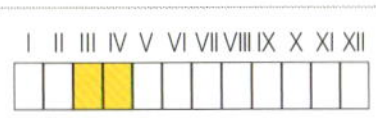	45		
IV	Tulpe *Tulipa*-Hybriden	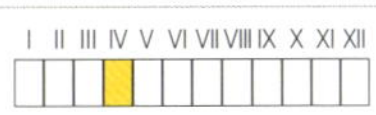	65		
I	Armenische Traubenhyazinthe *Muscari armeniacum*		10		

Sommerblumen

Nr.	dt. Name, wiss. Name, Sorte	Blütezeitraum	Höhe (cm)	Merkmale/ Pflege	Besonderheiten
B	Zinnie *Zinnia elegans*	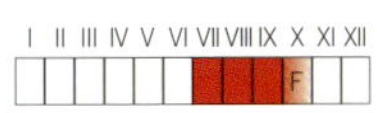	30	samt aus	
A	Garten-Ringelblume *Calendula officinalis*	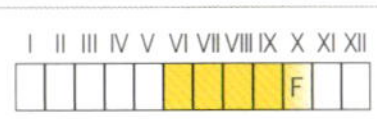	50	samt aus	
C	Kornblume *Centaurea cyanus*	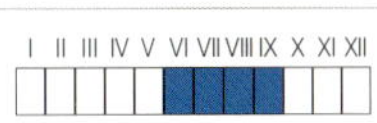	35		

ORANGE

Wirkung von Orange und seine Verwendung im Garten

Orange – eine lebendige Farbe

Orange vereint die Wärme und Energie von Rot mit der hellen Leuchtkraft von Gelb zu einer ganz neuen, intensiven Qualität. Es verströmt Lebendigkeit, Lebensfreude und Lebenslust. Orange ist eine fesselnde Farbe, sie erregt viel Aufmerksamkeit. Vielfach hat sie schon das Rot als Warn- und Signalfarbe ersetzt. Ein Beispiel ist die Kleidung der Bediensteten der Müllabfuhr und der Straßenarbeiter – sie sind nicht zu übersehen in ihrem grellen Neonorange. Trotz aller positiven Eigenschaften von Orange ist es daher dennoch nicht leicht, die Farbe in der Gestaltung richtig einzusetzen. Ähnlich wie Rot sollte Orange überlegt verwendet werden – zu groß ist sonst die

Viele Taglilien (*Hemerocallis*) zeichnen sich durch besonders große, schöne Blüten aus.

Tipp

Wenn Sie eine Stelle im Garten haben, die etwas verwildern kann und die Ihnen Wärme und Feuer in den Herbst bringen soll, dann sind der Sanddorn und die Lampionblume die richtigen Pflanzen für Sie. Es ist jedoch Vorsicht geboten: Die beiden sind wirklich recht „wild" – sie lieben es, ihre Wurzelausläufer weit auszubreiten –, doch auch recht genügsam.

Um Früchte zu erhalten, sollten Sie vom Sanddorn eine weibliche und eine männliche Pflanze setzen. Ab August bildet die Lampionblume ihre kräftig orangen „Lampions" aus – in jeder Blattachsel einen. Und ab September schmückt sich der Sanddorn mit seinen kleinen, hellorangen Beeren, welche die Leuchtkraft der Lampions noch verstärken.

Gefahr, dass das temperamentvolle, manchmal sogar stürmische Orange auf die Betrachter unangenehm wirkt und sie überfordert. Es ist eine Kunst, die Schönheit und die Üppigkeit, die diese Farbe zu bieten hat, zu zeigen und sie gleichzeitig zu bändigen.

Geselliges Orange für den Essplatz

Orange ist die Farbe des Vergnügens, der Geselligkeit, es hebt die fröhliche Seite des Lebens hervor. Da Orange zusätzlich appetit- und verdauungsanregend wirkt, passt es ideal zum Essplatz im Garten. Allerdings sollte Orange gerade hier sehr dezent verwendet werden. Ein Zuviel würde Auge und Gemüt zu schnell ermüden, aufdringlich wirken und Unruhe in diesen Bereich bringen. Und das ist bei einer gemütlichen Sitzecke völlig fehl am Platz. Ein paar Blüten in hellem oder feurigem Orange oder auch in dunkleren Terrakottatönen wirken anregend und beleben Körper und Geist.

Warmes Leuchten für kühle Tage

Orange zählt zu den warmen Farben. Rotorange soll sogar die Farbe sein, die von vielen als die wärmste Farbe überhaupt empfunden wird. Dieses warme Leuchten kann man sich gut im Garten zunutze machen. Vor allem in den kühleren Jahreszeiten, im Frühling und im Herbst, hat man etwas Wärmendes im Garten dringend nötig.

Den Frühling erwärmen orangefarbene Tulpen oder Goldlack, den es in vielen feurigen Farbtönen gibt. Im Herbst ist es die prachtvolle Färbung der Blätter von Bäumen wie der Eberesche oder von Sträuchern wie der Berberitze, welche die letzten warmen Sonnenstrahlen für uns einfängt.

Die Kapuzinerkresse (*Tropaeolum*) blüht reich und ihre Blüten sind sogar essbar.

Tipp

Setzen Sie Pflanzen, deren Blüten nicht nur schön anzusehen sind, sondern die Sie auch essen können. So verleihen etwa die Knospen der Taglilie asiatischen Gerichten eine besondere Note. Die Blüten der Ringelblume und der Kapuzinerkresse können Sie in bunte Salate mischen. Alle essbaren Blüten eignen sich als hübsche Dekoration von Süßspeisen wie Cremes, Kuchen und Torten.

Flammendes Farbfeuerwerk in Rot, Orange und Gelb

Ein Sonnenuntergang bietet herrliche Farbschauspiele: Vom Goldgelb der Sonne ausgehend färbt sich der Abendhimmel immer stärker orangefarben und schließlich, kurz bevor die Sonne endgültig untergeht, wird er glühend rot. All diese Farbtöne verbinden sich auch in dem hier vorgestellten Beet zu einer aufregenden, feurigen Nachbarfarben-Harmonie: vom Goldgelb des Mädchenauges 'Zagreb' über das Orangegelb des Sonnenauges 'Hohlspiegel', das reine Orange der Taglilie 'August Orange' bis zum Feuerrot der Nelkenwurz 'Feuerball'.

Orange muss nicht immer im Mittelpunkt stehen

So auffallend das Orange sonst auch wirkt, so sehr es in anderen Beeten oft die Hauptrolle spielt, so anders wirkt es in diesem Beet. In Verbindung mit den beiden Nachbarfarben im Farbkreis, Rot und Gelb, fügt es sich wunderbar in die Gestaltung ein. Rot und Gelb bilden ja einen sehr starken, manchmal fast schon unangenehmen Farbkontrast. In diesem Beet kommt dem Orange daher eine sehr ungewöhnliche Aufgabe zu. Es soll einmal nicht Aufsehen erregen, sondern die beiden anderen Farben miteinander verbinden.

Die verschiedenen Orangetöne, die genau zwischen Sonnengelb und Feuerrot liegen, spielen dabei eine entscheidende Rolle: das helle Orange der Seidenpflanze, das reine Orange der Taglilie 'August Orange', das Orangebraun der Sonnenbraut 'Wongadonga' und das Rotorange der Rispen-Montbretie. Eine weitere verbindende Funktion übernehmen die Gräser im Beet. Das Rotbraun der Blätter der Fuchsroten Segge und – ab dem Spätsommer – der Ruten-Hirse 'Rehbraun' ist dem Orange nahe verwandt und hat eine beruhigende Wirkung. Im Herbst verwandelt sich zusätzlich auch noch die Farbe vom Chinaschilf zu einem feurigen Aufglühen. Die drei Gräser verleihen dem Beet größere optische Stabilität und bringen in das feurige Potpourri mehr Beständigkeit hinein.

Tipp

Rot, Orange und Gelb gehören zu den Farben, die Nähe und Wärme ausstrahlen. Sie lieben das glühende Licht der untergehenden Sonne. Hier kommt ihr feuriger Charakter besonders gut zur Geltung. Wählen Sie daher die Stelle für dieses Beet möglichst so, dass es von der Abendsonne beschienen wird.

Außergewöhnlich schön wirkt dieses Beet als Bepflanzung neben einer Terrasse, auf der Sie die lauen Sommerabende genießen. Dann erleben Sie bei jedem Sonnenuntergang ein wahres Farbfeuerwerk der Blüten und Blätter.

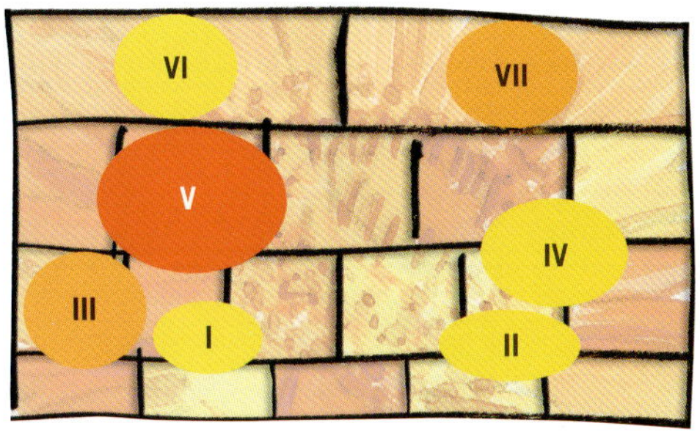

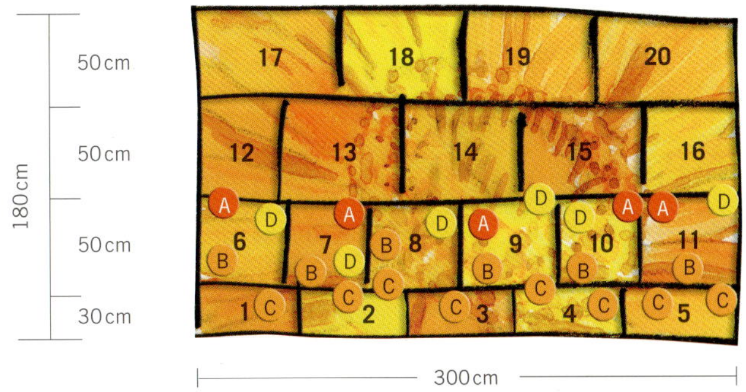

Stauden

Nr.	dt. Name, wiss. Name, Sorte	Stück/Abstand
1	Garten-Nelkenwurz *Geum* x *cultorum* 'Feuerball'	1 Stk.
2	Qirlblättriges Mädchenauge *Coreopsis verticillata* 'Zagreb'	2 Stk./20 cm
3	Garten-Purpurglöckchen *Heuchera* x *brizoides* 'Rakete'	1 Stk.
4	Quirlblättriges Mädchenauge *Coreopsis verticillata* 'Zagreb'	2 Stk./20 cm
5	Heldreich-Nelkenwurz „Borisii" *Geum* x *heldreichii* 'Aurantiacum'	2 Stk./20 cm
6	Taglilie *Hemerocallis* 'August Orange'	1 Stk.
7	Fuchsrote Segge *Carex buchananii*	2 Stk./20 cm
8	Knollige Seidenpflanze *Asclepias tuberosa*	2 Stk./20 cm
9	Rotstängelige Nachtkerze, *Oenothera fruticosa* ssp. *glauca* 'Sonnenwende'	1 Stk.
10	Taglilie *Hemerocallis* 'Corky'	1 Stk.
11	Fingerkraut *Potentilla* 'Flamenco'	1 Stk.
12	Brennende Liebe *Lychnis chalcedonica*	1 Stk.
13	Ruten-Hirse *Panicum virgatum* 'Rehbraun'	1 Stk.
14	Schafgarbe *Achillea* 'Feuerland'	1 Stk.
15	Brennende Liebe *Lychnis chalcedonica*	1 Stk.
16	Gärtner-Chrysantheme *Chrysanthemum* x *grandiflorum* 'Oudolf'	1 Stk.
17	Rispen-Montbretie *Crocosmia paniculata*	1 Stk.
18	Sonnenauge, *Heliopsis helianth.* var. *scabra* 'Hohlspiegel'	1 Stk.
19	Sonnenbraut *Helenium* 'Wongadonga'	1 Stk.
20	Chinaschilf, *Miscanthus sinensis* 'Kleine Silberspinne'	1 Stk.

Zwiebelblumen

Nr.	dt. Name, wiss. Name	Stück	Abstand/Pflanztiefe
I	Krokus *Crocus*	24	10 x 10 cm/5 cm
II	Krokus *Crocus*	24	10 x 10 cm/5 cm
III	Tulpe *Tulipa*-Hybriden	9	15 x 15 cm/20 cm
IV	Tulpe *Tulipa*-Hybriden	18	15 x 15 cm/20 cm
V	Tulpe *Tulipa*-Hybriden	18	15 x 15 cm/20 cm
VI	Kaiserkrone *Fritillaria imperialis*	3	30 x 30 cm/20 cm
VII	Kaiserkrone *Fritillaria imperialis*	3	30 x 30 cm/20 cm

Sommerblumen

Nr.	dt. Name, wiss. Name	Anzucht
A	Zinnie *Zinnia elegans*	Aussaat ins Beet: IV–V
B	Gelbes Schmuckkörbchen (Syn.: Kosmea), *Cosmos sulphureus*	Aussaat ins Beet: V–VI
C	Studentenblume *Tagetes patula*	Aussaat ins Beet: IV–V
D	Garten-Ringelblume *Calendula officinalis*	Aussaat ins Beet: IV–V

Flammendes Farbfeuerwerk in Rot, Orange und Gelb im Jahresverlauf

Beet im Frühling mit dazwischengepflanzten Zwiebelblumen (Februar–April)

Beet im Frühsommer (Mai–Juni)

Beet im Hochsommer (Juli–August)

Beet im Herbst (September–Oktober)

Beet im ersten Jahr

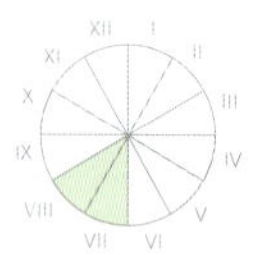

Beet im Hochsommer (Juli–August) – im ersten Jahr nach Neupflanzung mit eingesäten Sommerblumen

Ein Beet, das Mensch und Tier erfreut

Dieses Beet ist nicht nur für Sie eine lang blühende Augenweide, sondern bietet außerdem vielen Insekten einen reichen Speisezettel. Vor allem Bienen, Hummeln und natürlich auch die „Blumen der Lüfte“, die Schmetterlinge, besuchen viele der hier ausgewählten Pflanzen besonders gern. Im Sommer locken Schafgarbe, Seidenpflanze und Mädchenauge mit süßem Nektar. Im Herbst ist es das gelbe Sonnenauge, das die geflügelten Gartenhelfer reichlich mit Futter belohnt.

Farbenpracht für das Haus

Dieses Beet bietet Ihnen Schnittblumen in allen Farben eines stimmungsvollen Sonnenuntergangs: gelbbronzefarbene Chrysanthemen, orangegelbes Sonnenauge, hellorangefarbene Seidenpflanze, orangebraune Sonnenbraut und Ruten-Hirse, zinnoberrote Brennende Liebe und Purpurglöckchen. Wenn Sie Blumenzwiebeln gepflanzt haben, können Sie schon ab April attraktive Sträuße gestalten. Tulpen und Kaiserkronen bringen mit ihren Rot-, Orange- und Gelbtönen die warm strahlende Frühlingsstimmung ins Haus.

Mini-Beet in Rot, Orange und Gelb

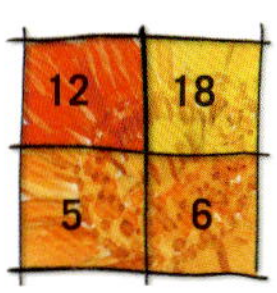

Stauden

Nr.	dt. Name, wiss. Name, Sorte	Stück/Abstand
5	Heldreich-Nelkenwurz „Borisii“ *Geum x heldreichii* ‘Aurantiacum’	2 Stk./20 cm
6	Taglilie *Hemerocallis* ‘August Orange’	1 Stk.
12	Brennende Liebe *Lychnis chalcedonica*	1 Stk.
18	Sonnenauge *Heliopsis helianthoides* var. *scabra* ‘Hohlspiegel’	1 Stk.

Tipp

Wochenlange Blütenfreude haben Sie mit diesen vier ausgewählten Pflanzen. Die Brennende Liebe blüht nach einem Rückschnitt gleich nach der ersten Blüte noch ein zweites Mal in wunderschönem Zinnoberrot. Die Nelkenwurz kann ab Juni in Feuerrot nachblühen. Die orangefarbene Taglilie und das orangegelbe Sonnenauge haben eine lange Blühdauer. Wichtig ist bei den drei Pflanzen, dass Sie laufend alles Verblühte entfernen.

Alle Pflanzen des Kapitels auf einen Blick

Stauden

Nr.	dt. Name, wiss. Name, Sorte	Blüte- zeitraum	Höhe (cm)	Merkmale/ Pflege	Besonderheiten
12, 15	Brennende Liebe *Lychnis chalcedonica*		100	bei Rückschnitt des Verblühten zweite Blüte	
11	Fingerkraut *Potentilla* 'Flamenco'		50	blüht nach bei Rückschnitt des Verblühten	
7	Fuchsrote Segge *Carex buchananii*		60	in rauer Lage Winterschutz erforderlich	
1	Garten-Nelkenwurz *Geum* x *cultorum* 'Feuerball'		50	blüht nach bei Rückschnitt des Verblühten	
3	Garten-Purpurglöckchen *Heuchera* x *brizoides* 'Rakete'		40	ältere Pflanzen teilen und tiefer setzen	
13	Ruten-Hirse *Panicum virgatum* 'Rehbraun'		120	frühe rötliche Herbstfärbung	
20	Chinaschilf, *Miscanthus sinensis* 'Kleine Silberspinne'		150	rotbraune Herbstfärbung	
17	Rispen-Montbretie *Crocosmia paniculata*		120	auch ohne Blüten attraktiv/ in den ersten Jahren Winterschutz erforderlich	
5	Heldreich-Nelkenwurz „Borisii" *Geum* x *heldreichii* 'Aurantiacum'		40	blüht nach bei Rückschnitt des Verblühten	
14	Schafgarbe *Achillea* 'Feuerland'		80	auch im Verblühen schön/ Entfernen der ersten verblühten Blütenstände verlängert die Blüte	
8	Knollige Seidenpflanze *Asclepias tuberosa*		50	treibt im Frühjahr spät aus; verträgt keine Winternässe/ in rauer Lage Winterschutz erforderlich	
19	Sonnenbraut *Helenium* 'Wongadonga'		120	blüht lang	
6	Taglilie *Hemerocallis* 'August Orange'		80	blüht lang	

Stauden

Nr.	dt. Name, wiss. Name, Sorte	Blütezeitraum	Höhe (cm)	Merkmale/ Pflege	Besonderheiten
16	Gärtner-Chrysantheme *Chrysanthemum* x *grandiflorum* 'Oudolf'		90	einfache Blüten/ in rauer Lage Winterschutz erforderlich	
2, 4	Quirlblättriges Mädchenauge *Coreopsis verticillata* 'Zagreb'		25	blüht lang und reich; auch nach der Blüte schön	
9	Rotstängelige Nachtkerze, *Oenothera fruticosa* ssp. *glauca* 'Sonnenwende'		60	rotbraune Blätter; blüht reich	
18	Sonnenauge *Heliopsis helianth.* var. *scabra* 'Hohlspiegel'		130	halbgefüllte Blüten/blüht lang und reich, wenn laufend Verblühtes entfernt wird	
10	Taglilie *Hemerocallis* 'Corky'		80	rötliche Blütenstiele; blüht lang	

Zwiebelpflanzen

Nr.	dt. Name, wiss. Name, Sorte	Blütezeitraum	Höhe (cm)	Merkmale/ Pflege	Besonderheiten
V	Tulpe *Tulipa*-Hybriden		60		
VII	Kaiserkrone *Fritillaria imperialis*		bis 90		
III	Tulpe *Tulipa*-Hybriden		35		
VI	Kaiserkrone *Fritillaria imperialis*		bis 90		
I, II	Krokus *Crocus*		10		
IV	Tulpe *Tulipa*-Hybriden		35		

Sommerblumen

Nr.	dt. Name, wiss. Name, Sorte	Blütezeitraum	Höhe (cm)	Merkmale/ Pflege	Besonderheiten
A	Zinnie *Zinnia elegans*	F	30		
B	Gelbes Schmuckkörbchen (Syn.: Kosmea), *Cosmos sulphureus*		35	samt aus	
C	Studentenblume *Tagetes patula*	F	25	samt aus	
D	Garten-Ringelblume *Calendula officinalis*	F	50	samt aus	

GELB

Wirkung von Gelb und seine Verwendung im Garten

Gelb strahlt

Gelb ist die Farbe des Glücklichseins, der Freude und der Harmonie. Es ist eine sehr positive Farbe, wirkt fröhlich und freundlich und kann so wunderbar die Stimmung aufheitern. Gelb ist die leuchtendste aller Farben – es ist ein Symbol für das Licht und die Sonne, es strahlt wie die Sonne selbst. Auch im Pflanzenreich hat das seinen Ausdruck gefunden, es gibt viele Pflanzen, die in herrlichem Sonnengelb leuchten und die daher die Sonne im Namen tragen wie Sonnenröschen, Sonnenauge oder Sonnenhut. Gelb ist noch aus großer Entfernung gut zu erkennen, es hat die optimale Fernwirkung. Da Gelb so weit und so stark strahlt, kann es manchmal andere Farben übertönen und zu laut und schreiend erscheinen. Man sollte gelb blühende Pflanzen daher mit Maß und

Der Gewöhnliche Sonnenhut (*Rudbeckia fulgida* 'Goldsturm') blüht sogar in halbschattigen Lagen reich.

Tipp

Pflanzen Sie Narzissen an den Rand von Hecken. Das sieht nicht nur wunderhübsch aus, sondern es hat zusätzlich noch andere Vorteile. Die März-Narzissen blühen schon vor dem Austrieb der Sträucher, deren Laub dann später die einziehenden Blätter der Narzissen verdeckt. Und die Narzissen stören Sie hier nicht beim Mähen.

Wenn Sie ein Plätzchen im Garten haben, wo das Gras bis Juli stehen bleiben kann, dann können Sie vom zeitigen Frühling bis zum Frühsommer in Narzissen schwelgen. Im März blüht die Sorte 'February Gold', gefolgt von 'Golden Harvest' im April. Den Mai verschönern Blüten der Sorte 'Thalia', die sogar himmlisch duften.

Ziel im Garten setzen. Je tiefer und satter Gelb ist, umso mehr wird es zur Farbe des Goldes. Goldgelbe Blüten, wie die von Goldhaar-Aster oder Goldfelberich, zeigen sehr schön das Kostbare dieser Farbe, den Reichtum und die Fülle von Gelb.

Frisches Gelb für den Frühling

Gelb ist als Blütenfarbe zwar im ganzen Gartenjahr häufig vertreten – besonders wichtig erscheint es für uns aber im Frühling. Wie herrlich ist es, wenn die ersten gelben Krokusse ihre Blütenköpfchen aus der Erde strecken, gefolgt von Primeln, Tulpen und Narzissen. Das helle Gelb vermittelt schon etwas Wärme und gibt uns die Sicherheit, dass der Winter wirklich vorüber ist. Die munteren gelben Blüten helfen uns über manche grauen, kühlen Frühlingstage hinweg, an denen die Sonne überhaupt nicht scheinen möchte.

Helles Gelb für schattige Stellen

Gelb ist zwar nicht die hellste Farbe – diese Rolle gebührt eindeutig dem Weiß –, aber dafür die strahlendste. Wegen seiner großen Leuchtkraft ist Gelb daher gut geeignet für schattige, dunkle Stellen im Garten. Gelbe Blüten wirken wie kleine Lichtquellen, so sehr funkeln sie nach allen Seiten.

Wie Sonnenstrahlen können gelb blühende Stauden wie Waldsteinie, Gelber Lerchensporn, Scheinmohn und Ligularie oder gelbgrüne Stauden wie die Funkie 'Golden Tiara' Helligkeit in die dunklen Stellen des Gartens bringen.

Im Frühling kann man bei einem Ausflug in einen Auwald oder einen Laubmischwald mit etwas Glück die Strahlkraft der Natur erleben. An

Der Gelbe Lerchensporn (*Pseudofumaria lutea*) erhellt mit seinem leuchtenden Gelb schattige Stellen.

feuchten, frühlingslichten Stellen fühlt sich das Gelbe Buschwindröschen besonders wohl. Für ein paar Wochen überzieht es den Waldboden mit seinen großen, gelben Blütenteppichen.

Tipp

Einige gelb blühende Schmuckstücke sind auch für heiße, sonnige Stellen bestens geeignet. Dazu gehören die niedrigen Fetthennen, das Brandkraut und alle Schwertlilien.

Fröhliches Sonnenbeet ganz in Gelb

Heiter, beschwingt und unbeschwert in seiner Fröhlichkeit wie ein herzliches, befreiendes Lachen – so glänzt dieses Beet in all seinen Sonnenfarben. Mit dem „Fröhlichen Sonnenbeet ganz in Gelb“ holt man sich die gute Laune und den immer währenden Sonnenschein in den Garten. Selbst an traurigen, düsteren, regnerischen Tagen wirkt dieses Beet wie die Sonne selbst – strahlend und fröhlich.

Gelb ist vielfältig ...

Gelb ist eine Farbe der Vielfalt. Das äußert sich einerseits darin, dass die Natur uns Gelbblühendes in großem Reichtum zu jeder Jahreszeit anbietet. Andererseits zeigt es sich in der Vielzahl der Blütenformen und in den unterschiedlichen Gelbtönen. Es findet sich hier eine große Menge unterschiedlicher Blütenformen: flache Blütenteller der Schafgarbe, schalenförmige Blüten wie die der Nelkenwurz, die Blüten der Gämswurz, die wie Miniatursonnen aussehen, mimosenähnliche Blütenbällchen der Goldhaar-Aster, Blütenrispen der Goldrute und trichterförmige Blüten der Taglilien.

Gelbblühendes gibt es auch in allen Größen: vom winzigen Winterling, niedrigen Pfennigkraut und Sonnenröschen über mittelhohe Schafgarben, Sonnenhut und Junkerlilien bis zu hohen Wiesenrauten und dem wahrhaft riesigen Alant.

... und hat Charakter

Gelb ist eine charaktervolle Farbe. Die Fülle der Eigenschaften von Gelb kommt in der reichen Palette an Gelbtönen voll zur Geltung: die helle Leichtigkeit des lichtgelben Mädchenauges, die kühle Frische der zitronengelben Taglilie, das warm leuchtende Gelb des Fingerkrautes, der Reichtum der dottergelben Schafgarbe und das Kostbare des goldgelben Sonnenauges.

Und all diese positiven Eigenschaften von Gelb vereinen sich im „Fröhlichen Sonnenbeet“ und machen es zu einem strahlenden Stimmungsaufheller. Versuchen Sie es, dieses Beet wird auch Sonne in Ihren Garten bringen!

Tipp

Wenn Sie das Summen der Bienen lieben, das insbesondere an warmen Sommertagen angenehm einschläfernd wirkt, dann werden Sie dieses Beet sehr zu schätzen wissen. Gelb scheint eine hervorragende Farbe für Bienenfutterpflanzen zu sein. Denn neun von fünfzehn Pflanzen blühen und gedeihen hier für die Bienen: Gämswurz, Gilbweiderich, Goldrute, Mädchenauge, Schafgarbe, Sonnenbraut, Sonnenhut, Sonnenröschen und Steinkresse.

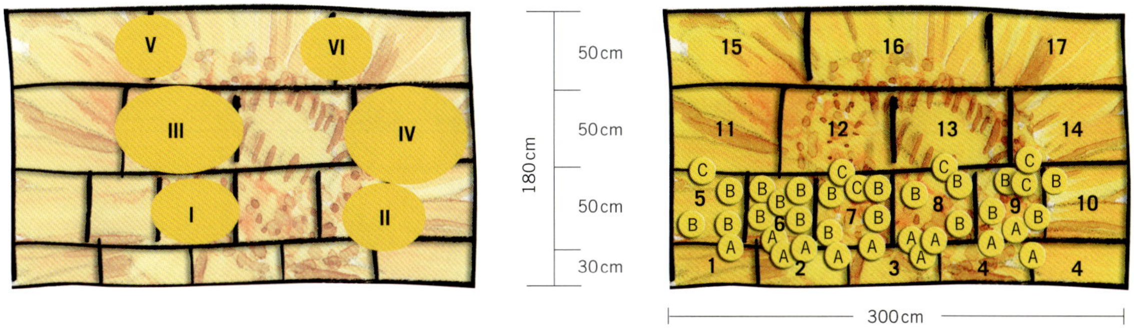

Stauden

Nr.	dt. Name, wiss. Name, Sorte	Stück/Abstand
1	Garten-Nelkenwurz *Geum* x *cultorum* 'Goldball'	1 Stk.
2	Sonnenröschen *Helianthemum* 'Sterntaler'	1 Stk.
3	Felsen-Steinkresse (Syn.: Steinkraut) *Aurinia saxatilis*	1 Stk.
4	Quirlblättriges Mädchenauge *Coreopsis verticillata* 'Moonbeam'	3 Stk./10cm
5	Garten-Nelkenwurz *Geum* x *cultorum* 'Goldball'	1 Stk.
6	Kaukasus-Gämswurz *Doronicum orientale*	2 Stk./20cm
7	Gewöhnlicher Sonnenhut, *Rudbeckia fulgida* var. *sullivantii* 'Goldsturm'	1 Stk.
8	Goldhaar-Aster *Aster linosyris*	1 Stk.
9	Großblütiges Fingerkraut *Potentilla megalantha*	1 Stk.
10	Quirlblättriges Mädchenauge *Coreopsis verticillata* 'Moonbeam'	3 Stk./10cm
11	Gärtner-Chrysantheme *Chrysanthemum* x *grandiflorum* 'Citrus'	1 Stk.
12	Zitronen-Taglilie *Hemerocallis citrina*	1 Stk.
13	Schafgarbe *Achillea* 'Altgold'	1 Stk.
14	Punktierter Gilbweiderich (Syn.: Goldfelberich), *Lysimachia punctata* 'Alexander'	1 Stk.
15	Sonnenauge, *Heliopsis helianth.* var. *scabra* 'Spitzentänzerin'	1 Stk.
16	Raue Goldrute *Solidago rugosa*	1 Stk.
17	Sonnenbraut *Helenium* 'Goldrausch'	1 Stk.

Zwiebelblumen

Nr.	dt. Name, wiss. Name, Sorte	Stück	Abstand/Pflanztiefe
I	Kaiserkrone *Frittillaria imperialis 'Lutea'*	5	30 x 30cm/20cm
II	Kaiserkrone *Frittillaria imperialis 'Lutea'*	5	30 x 30cm/20cm
III	Krokus *Crocus*	24	10 x 10cm/5cm
IV	Krokus *Crocus*	24	10 x 10cm/5cm
V	Narzisse *Narcissus*-Hybriden	18	15 x 15cm/20cm
VI	Tulpe *Tulipa*-Hybriden	18	15 x 15cm/20cm

Sommerblumen

Nr.	dt. Name, wiss. Name	Anzucht
A	Studentenblume *Tagetes patula*	Aussaat ins Beet: IV–V
B	Gelbes Schmuckkörbchen (Syn.: Kosmea), *Cosmos sulphureus)*	Aussaat ins Beet: V–VI
C	Garten-Ringelblume *Calendula officinalis*	Aussaat ins Beet: IV–V

Fröhliches Sonnenbeet ganz in Gelb im Jahresverlauf

Beet im Frühsommer mit dazwischengepflanzten Zwiebelblumen (Februar–April)

Beet im Frühsommer (Mai–Juni)

Beet im Hochsommer (Juli–August)

Beet im Herbst (September–Oktober)

Das Beet im ersten Jahr

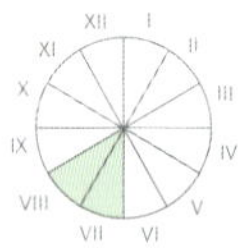

Beet im Hochsommer (Juli–August) – im ersten Jahr nach Neupflanzung mit eingesäten Sommerblumen

Das Flair des Bauerngartens

Ein Bauerngarten strahlt eine unbeschwerte Fröhlichkeit, etwas Munter-Beschwingtes aus. Einige der Pflanzen im „Fröhlichen Sonnenbeet ganz in Gelb" sind bewährte Bauerngartenpflanzen wie Steinkraut, Gämswurz, Schafgarbe, Sonnenhut, Goldrute und Sonnenauge. Sie bringen Ihnen vom Frühling bis zum Herbst etwas von dieser Bauerngarten-Stimmung in Ihren Garten. Lassen Sie sich von der Fröhlichkeit dieses Beetes anstecken und erfreuen Sie sich Tag für Tag daran!

Ein bezaubernder Duft liegt in der Luft

Das Beet hält noch etwas Besonderes für Sie bereit. Traumhafter Duft umhüllt Sie vom Frühling bis in den Herbst hinein. Bereits im April/Mai duftet das Steinkraut zart nach Honig, etwa im Juni folgt die Taglilie mit delikatem Zitronenduft. Von Sommer bis Herbst blüht das Mädchenauge, ein reizender Dauerblüher, der seinen guten Duft verströmt. Und im September stimmt die Goldrute in den Duftklang mit ein. Zwar müssen Sie (außer bei der Taglilie) die Nase dicht an die Blüten halten – doch es lohnt sich auf alle Fälle!

Mini-Beet ganz in Gelb

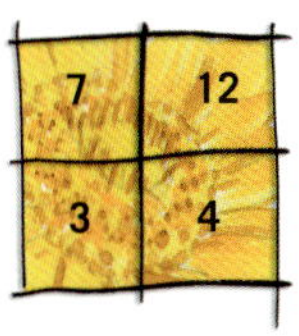

Stauden

Nr.	dt. Name, wiss. Name, Sorte	Stück/Abstand
4	Quirlblättriges Mädchenauge *Coreopsis verticillata* 'Moonbeam'	3 Stk./10 cm
3	Felsen-Steinkresse (Syn.: Steinkraut) *Aurinia saxatilis*	1 Stk.
12	Zitronen-Taglilie *Hemerocallis citrina*	1 Stk.
7	Gewöhnlicher Sonnenhut *Rudbeckia fulgida* var. *sullivantii* 'Goldsturm'	1 Stk.

Tipp

Auch ein sehr kleines Beet ganz in Gelb verbreitet Frohsinn und gute Laune. Pflanzen Sie das Mini-Beet so, dass Sie es als „Guten-Morgen-Gruß" vom Küchenfenster aus sehen. Oder setzen Sie die Pflanzen als Blickpunkt in eine unfreundliche Gartenecke, die Sie verschönern wollen. Selbst auf so kleinem Raum verfehlt die heiter-leuchtende Wärme des Gelbs nie ihre Wirkung.

Alle Pflanzen auf einen Blick: Sonnenbeet ganz in Gelb

Stauden

Nr.	dt. Name, wiss. Name, Sorte	Blütezeitraum	Höhe (cm)	Merkmale/ Pflege	Besonderheiten
11	Gärtner-Chrysantheme *Chrysanthemum* x *grandiflorum* 'Citrus'	IX–X	100	halbgefüllte Blüten/ in rauer Lage Winterschutz erforderlich	
9	Großblütiges Fingerkraut *Potentilla megalantha*	VI–VII	25	graugrüne Blätter	
6	Kaukasus-Gämswurz *Doronicum orientale*	IV–V	80	margeritenblütig	
14	Punktierter Gilbweiderich (Syn.: Goldfelberich) *Lysimachia punctata* 'Alexander'	VI–VII	80	weiß gerandete Blätter; blüht lang, auch nach der Blüte sehr schön; wuchert	
8	Goldhaar-Aster *Aster linosyris*	VIII–IX	60	mimosenblütig	
16	Raue Goldrute *Solidago rugosa*	IX–X	150		
4, 10	Quirlblättriges Mädchenauge *Coreopsis verticillata* 'Moonbeam'	VI–IX	40		
1, 5	Garten-Nelkenwurz *Geum* x *cultorum* 'Goldball'	V–VI	50	halbgefüllte Blüten/blüht nach bei Rückschnitt des Verblühten	
13	Schafgarbe *Achillea* 'Altgold'	VI–VII	100	graugrüne Blätter/Entfernen der ersten Blütenstände verlängert die Blüte	
15	Sonnenauge *Heliopsis helianth.* var. *scabra* 'Spitzentänzerin'	VI–VIII	130	halbgefüllte Blüten/blüht lang und reich, wenn laufend Verblühtes entfernt wird	
17	Sonnenbraut *Helenium* 'Goldrausch'	VIII–X	130	blüht lang	

Stauden

Nr.	dt. Name, wiss. Name, Sorte	Blütezeitraum	Höhe (cm)	Merkmale/ Pflege	Besonderheiten
2	Sonnenröschen *Helianthemum* 'Sterntaler'	VI–VIII	15	halbgefüllte Blüten, blüht lang/Rückschnitt im März oder nach der Blüte im August; Schutz vor Wintersonne: Abdeckung mit Reisig	
7	Gewöhnlicher Sonnenhut *Rudbeckia fulgida* var. *sullivantii* 'Goldsturm'	VII–VIII	60	blüht lang und reich	
3	Felsen-Steinkresse (Syn.: Steinkraut) *Aurinia saxatilis*	IV–V	20		
12	Zitronen-Taglilie *Hemerocallis citrina*	VI–VII	70		

Zwiebelpflanzen

Nr.	dt. Name, wiss. Name, Sorte	Blütezeitraum	Höhe (cm)	Merkmale/ Pflege	Besonderheiten
V, VI	Kaiserkrone *Frittillaria imperialis* 'Lutea'	IV–V	bis 90		
I, II	Krokus *Crocus*	II–III	10		
III	Narzisse *Narcissus*-Hybriden	IV	40		
IV	Tulpe *Tulipa*-Hybriden	IV	55		

Sommerblumen

Nr.	dt. Name, wiss. Name, Sorte	Blütezeitraum	Höhe (cm)	Merkmale/ Pflege	Besonderheiten
B	Gelbes Schmuckkörbchen (Syn.: Kosmea) *Cosmos sulphureus*	VII–X	30	samt aus	
C	Garten-Ringelblume *Calendula officinalis*	VI–IX (F: X)	50	samt aus	
A	Studentenblume *Tagetes patula*	VI–IX (F: X)	20	samt aus	

Zarter Farbentanz in Gelb, Rosa und Blau

Wie zarte, pastellfarbene Leuchtpunkte tanzen die Blüten über den Blättern. Sie wirken fast wie zu Blüten gewordene Elfen. Wer weiß, vielleicht verwandeln sie sich nachts wieder zu Elfen und veranstalten ihre lichtfröhlichen Tänze bis zum Morgengrauen – wo sie wieder zu Blüten werden. Die lieblichen, lichthellen Farben zaubern Licht und Lebendigkeit an dunkle Gartenstellen. Zwar hat das Gelb von all diesen Farben die größte Leuchtkraft, aber auch die Pastellfarben schimmern bezaubernd aus dem Schatten hervor.

Zarter Dreiklang

Die Grundfarben dieses Beetes bilden einen Dreiklang: Gelb, Rosa und Hellblau. Dies ist eine Abwandlung des Grundfarben-Dreiklanges. Seine Farben Gelb, Rot und Blau wurden mit Weiß gemischt. Das Ergebnis sind helle Pastellfarben, welche optimale Schattenfarben sind.

Im Frühling beginnt das helle Leuchten mit gelber Waldsteinie, rosafarbenem Riesensteinbrech, begleitet von hellblauem Gedenkemein und himmelblauem Kaukasusvergissmeinnicht. Den Part des Blaus übernimmt ab dem Frühsommer für den weiteren Jahresverlauf die Funkie 'Blue Boy' mit ihren blaugrauen Blättern. Zu diesem Zeitpunkt blühen in Rosa der Storchschnabel und in Gelb der Gelbe Lerchensporn und der Scheinmohn.

Bei einem Dreiklang in Pastellfarben muss man sich, im Gegensatz zum Grundfarben-Dreiklang, nicht auf drei Farben beschränken. Während beim Dreiklang in Rot, Gelb und Blau Violett als Zusatzfarbe absolut unpassend wäre, fügt sich hier das helle Lila wunderbar in die Gestaltung ein. Sogar ein Hauch vom stärkeren Farbton, dem Violett der Blüten der Funkie 'Golden Tiara', passt hier dazu. Der Kunstgriff besteht darin, dass genügend verbindendes Grün und Weiß vorhanden sind, die das Violett harmonisch einbetten.

Den Herbst beschließen die Herbst-Anemonen mit ihren fast aristokratischen Blüten in Rosa und Weiß, die gelben Wachsglocken und der unermüdlich blühende Gelbe Lerchensporn.

Tipp

Einige Frühlingsblumen für einen zartbunten Frühlingsaspekt finden sich sogar für solche schattigen Lagen. In Gelb können Sie den Winterling setzen, der im Februar/März blüht, etwa zur gleichen Zeit wie die Schneeglöckchen. Für den Mai wählen Sie Hasenglöckchen in Blau, Violettrosa und Weiß aus, weil sie hübsch sind und zart duften. All diese Pflanzen schätzen eine dünne Laubschicht und haben gern ihre Ruhe. Wichtig ist es daher, das Beet nicht zu viel zu bearbeiten.

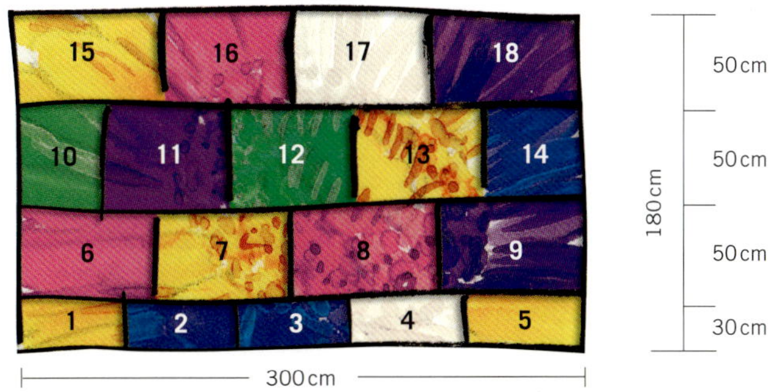

Stauden

Nr.	dt. Name, wiss. Name, Sorte	Stück/Abstand	Nr.	dt. Name, wiss. Name, Sorte	Stück/Abstand
1	Gewöhnliche Waldsteinie *Waldsteinia geoides*	2 Stk./20 cm	10	Funkie *Hosta* 'Golden Tiara'	1 Stk.
2	Großfleckiges Lungenkraut *Pulmonaria saccharata* 'Mrs. Moon'	1 Stk.	11	Stinkende Nieswurz *Helleborus foetidus*	1 Stk.
3	Frühlings-Gedenkemein *Omphalodes verna*	1 Stk.	12	Weicher Schildfarn *Polystichum setiferum* 'Schaffhausen'	1 Stk.
4	Frühlings-Gedenkemein *Omphalodes verna* 'Alba'	1 Stk.	13	Wald-Scheinmohn *Meconopsis cambrica*	2 Stk./20 cm
5	Elfenblume *Epimedium* x *versicolor* 'Sulphureum'	1 Stk.	14	Großblättriges Kaukasusvergiss- meinnicht, *Brunnera macrophylla*	1 Stk.
6	Riesensteinbrech *Bergenia* 'Wintermärchen'	1 Stk.	15	Wachsglocke *Kirengeshoma palmata*	1 Stk.
7	Gelber Lerchensporn *Pseudofumaria lutea*	2 Stk./20 cm	16	Herbst-Anemone *Anemone* x *hybrida* 'Rosenschale'	1 Stk.
8	Felsen-Storchschnabel *Geranium macrorrhizum* 'Freundorf'	1 Stk.	17	Herbst-Anemone *Anemone* x *hybrida* 'Whirlwind'	1 Stk.
9	Funkie *Hosta* 'Blue Boy'	1 Stk.	18	Funkie *Hosta* 'Francee'	1 Stk.

Tipp

Zusätzlich zu den hellen Blütenfarben bringt noch das weißbunte Laub zweier Stauden lang anhaltende Helligkeit in Ihre Schattenidylle. Die Blätter des Spanischen Lungenkrauts haben den bezeichnenden Namen 'Mrs. Moon' und sind silbrig grün gescheckt. Die Blätter der Funkie 'Francee' sind attraktiv weiß gerandet. Blätter halten ja viel länger als Blüten – vom Austrieb im Frühling bis zum Verwelken im Herbst.

Zarter Farbentanz in Gelb, Rosa und Blau im Jahresverlauf

Beet im Frühsommer (Mai–Juni)

Beet im Hochsommer (Juli–August)

Beet im Herbst (September–Oktober)

Freude am Beet das ganze Jahr über

Diese drei Funkien haben besonders attraktive Blätter: weiß gerandet sind die von 'Francee', gelb gerandet die von 'Golden Tiara' und blaugrün die von 'Blue Boy'. Sie halten auch sehr lange in der Vase. Wenn Sie also einen Blumenstrauß für sich schneiden oder als Gastgeschenk mitbringen wollen, so nehmen Sie doch statt einer Papierumhüllung einfach die schönen Funkienblätter. Der gelbe Wald-Scheinmohn blüht von Juni bis August, der Gelbe Lerchensporn sogar von Mai bis zum Frost. Beide sind zwar nicht sehr langlebig, sie versamen sich dafür aber reichlich, sodass Sie ihre Blütenfülle immer wieder genießen können.

Ein paar Pflanzen verleihen dem Beet sogar im Winter einen gewissen Glanz. Die Blätter von Stinkender Nieswurz und Weichem Schildfarn sind dekorativ wintergrün, die der Elfenblume 'Sulphur' bronzefarben. Das Laub des Riesensteinbrechs 'Wintermärchen' macht seinem Namen alle Ehre – es färbt sich im Herbst rotbraun und behält diesen prächtigen Farbton den ganzen Winter lang.

Mini-Beet in Gelb, Rosa und Blau

Stauden

Nr.	dt. Name, wiss. Name, Sorte	Stück/Abstand
14	Großblättriges Kaukasusvergissmeinnicht *Brunnera macrophylla*	1 Stk.
8	Felsen-Storchschnabel *Geranium macrorrhizum* 'Freundorf'	1 Stk.
15	Wachsglocke *Kirengeshoma palmata*	1 Stk.
17	Funkie *Hosta* 'Francee'	1 Stk.

Tipp

Manchmal gibt es im Garten so ein kleines, schattiges Plätzchen, das etwas traurig und langweilig wirkt. Hierfür eignet sich das aufhellende Mini-Beet ideal. Den Frühling begrüßt das Kaukasusvergissmeinnicht mit seinen himmelblauen Blüten, im Sommer verzaubert Sie der Storchschnabel in Rosa kombiniert mit ein wenig träumerisch anmutendem Lavendelblau der Funkie, deren weiß gerandete Blätter ganz besondere Leuchtpunkte sind. Den Jahresabschluss bildet die gelbe Wachsglocke mit eleganten Blüten und dekorativen Blättern.

Alle Pflanzen auf einen Blick: Gelb, Rosa und Blau

Stauden

Nr.	dt. Name, wiss. Name, Sorte	Blütezeitraum	Höhe (cm)	Merkmale/ Pflege	Besonderheiten
5	Elfenblume *Epimedium* x *versicolor* 'Sulphureum'	IV–V	25	im Austrieb rötliche Blätter; im Winter bronzefarben	
7	Gelber Lerchensporn *Pseudofumaria lutea*	V–IX, F (X)	30	samt sich gerne aus; nicht standorttreu	
13	Wald-Scheinmohn *Meconopsis cambrica*	VI–VIII	40	kurzlebig; versamt sich reich	
15	Wachsglocke *Kirengeshoma palmata*	VIII–IX	80		
1	Gewöhnliche Waldsteinie *Waldsteinia geoides*	IV–V	20		
8	Felsen-Storchschnabel *Geranium macrorrhizum* 'Freundorf'	VI–VII	30	rötliche Winterfärbung	
16	Herbst-Anemone *Anemone* x *hybrida* 'Rosenschale'	IX–X	80	Frühjahrspflanzung ideal; sonst Winterschutz	
6	Riesensteinbrech *Bergenia* 'Wintermärchen'	IV–V	40	rötlich braune Herbst- und Winterfärbung	
3	Frühlings-Gedenkemein *Omphalodes verna*	III–V	15		
14	Großblättriges Kaukasusvergiss-meinnicht, *Brunnera macrophylla*	IV–V	50		
2	Großfleckiges Lungenkraut *Pulmonaria saccharata* 'Mrs. Moon'	III–IV	30	silbrig grüne Blätter	
9	Funkie *Hosta* 'Blue Boy'	VI–VIII	40	blaugraue Blätter; treibt im Frühjahr spät aus	
18	Funkie *Hosta* 'Francee'	VI–VII	50	weiß gerandete Blätter; treibt im Frühjahr spät aus	
11	Funkie *Hosta* 'Golden Tiara'	VI–VII	50	gelb gerandete Blätter; treibt im Frühjahr spät aus	
4	Frühlings-Gedenkemein *Omphalodes verna* 'Alba'	III–IV	15	hellgrüne Blätter	
17	Herbst-Anemone *Anemone* x *hybrida* 'Whirlwind'	IX–X	80	Frühjahrspflanzung ideal; sonst Winterschutz	
10	Stinkende Nieswurz *Helleborus foetidus*	I–IV	40		
12	Weicher Schildfarn *Polystichum setiferum* 'Herrenhausen'		50	grüne Blätter	

Kühle Erfrischung in Gelb und Blau

In vielen Gärten gibt es Stellen, wo die Sonne den ganzen Tag oder viele Stunden hinbrennt, man aber trotzdem etwas Blühendes haben möchte. Die Farben Gelb und Blau sind für solche Plätze hervorragend geeignet. Das muntere Gelb erfreut Auge und Gemüt und erinnert an die warme Sonne des Südens. Das kühle Blau erfrischt so richtig an Hitzetagen und lässt uns an das Meer denken. Beide Farben verbreiten somit ein wenig Urlaubsstimmung im Garten.

Schwertlilien (*Iris* Barbata-Grp.) mögen auch heiße Standorte und sind gut als Schnittblumen geeignet.

Den Frühlingsauftakt bildet die Schwertlilie 'Goldfackel', die große, goldgelbe Blüten mit einem süßen Marmeladeduft hat. Im Sommer schließen sich der blaue Steppen-Salbei und der hellblaue Lein an. Der Steppen-Salbei blüht bei Rückschnitt des Verblühten noch ein zweites Mal in beeindruckender Fülle. Der Lein ist zwar nicht sehr langlebig, samt sich jedoch gerne und reichlich aus. So ist es möglich, die himmelblaue Blütenfreude immer wieder zu genießen. Bis in den Herbst hinein kann die Goldhaar-Aster blühen, deren goldgelbe Blüten wie Mimosen aussehen und die lange in der Vase halten.

Tipp

Noch mehr Blüten bringen Sie mit ein paar Zwiebel- und Sommerblumen ein. Die azurblauen Blüten des Enzian-Lauchs und die schwefelgelben des Schwefellauchs verschönern Ihr Mini-Beet im Juli. Der Kalifornische Goldmohn ist die richtige Sommerblume für Ihr Beet. Seine goldgelben Blüten erscheinen den ganzen Sommer hindurch. Mit ein wenig Glück sät er sich selbst aus und erscheint im nächsten Jahr wieder.

Mini-Beet in Gelb und Blau

Stauden

Nr.	dt. Name, wiss. Name, Sorte	Blütezeitraum	Höhe (cm)	Merkmale/ Pflege	Stück/ Abstand	Besonderheiten
21	Goldhaar-Aster *Aster linosyris*	VIII–IX	60	mimosenblütig	2 Stk./ 10 cm	
22	Schwertlilie *Iris* Barbata-Elatior-Grp. 'Goldfackel'	V–VI	80	liebt Kalk	2 Stk./ 20 cm	
19	Österreichischer Lein *Linum austriacum* *(Linum perenne* hort.*)*	V–VIII	40	kurzlebig, samt reich aus	1 Stk.	
20	Steppen-Salbei *Salvia nemorosa* 'Blauhügel'	VI–VII	30	bei Rückschnitt des Verblühten zweite Blüte	1 Stk.	

GRÜN

Wirkung von Grün und seine Verwendung im Garten

Grün ist die Farbe der Natur und der Vegetation. Das zarte Grün des Frühlings ist ein Symbol für Wachstum und Werden, ein Sinnbild der Hoffnung. Grün ist eine paradiesische Farbe – sie lässt unsere Träume von saftigen Wiesen und Schatten spendenden Bäumen wahr werden.

Grün ist die Farbe, bei deren Betrachtung sich das Auge am besten entspannen kann. Grün hat daher eine beruhigende, harmonisierende und ausgleichende Ausstrahlung. Und das ist gut so, denn Grün ist ja in der Natur und im Garten immer und überall vorhanden. Blätter von Gräsern, Blütenstauden, Blattschmuckstauden, Sträuchern und Bäumen – alles ist Grün. Grün ist die häufigste Farbe und damit eigentlich die wichtigste Gartenfarbe. Mit seiner gelassenen Stimmung bietet es auch Entspannung von all den bunten Farben der Blüten, die auf uns einströmen.

Tautropfen auf den Blättern des Frauenmantels (*Alchemilla mollis*) funkeln im Sonnenlicht.

Grün als Verbindungsfarbe

Die Farbnuancen von Grün sind vielfältig – vom Gelbgrün des Frauenmantels, dem satten Grasgrün über das Blaugrün des Blauschwingels bis zum Graugrün des Wollziests und dem Silbriggrün der Silberraute. All diese Farbtöne spielen eine entscheidende Rolle in der Gestaltung. Sie gehören nämlich zu den so genannten „Verbindungsfarben“. Diese kann man zwischen Farben setzen, die sich sonst „schlagen“ würden, wie Rot mit Violett

Tipp

Neben dem Buchsbaum sind ebenfalls der dunkelgrüne Thymian, das graugrüne Heiligenkraut und der silbrig grüne Lavendel als Einfassung für Beete gut geeignet. Alle drei sind sehr gut schnittfähig. Am besten schneiden Sie sie regelmäßig ein Mal im Jahr – nach der Blüte – in die gewünschte Form. Oder Sie entscheiden sich beim Lavendel für die Sorte 'Dwarf Blue', die von Haus aus kompakter bleibt.

oder Rosa mit Orange. Verbindungsfarben vermitteln zwischen diesen unverträglichen Farbtönen und bringen sie in eine Harmonie.

Eine der besten Verbindungsfarben ist das helle Gelbgrün der Blätter und Blüten vom Frauenmantel. Besser noch als Weiß vermag es, schwierige Farbnachbarn zu besänftigen. Außerdem ist der Frauenmantel eine ausgezeichnete Pflanze, um Beete einzufassen.

Multifunktionales Grün

Grün erfüllt viele Funktionen im Garten. Hohe Hecken aus Hainbuche oder Eibe bilden den Hintergrund für Beete, trennen verschiedene Gartenteile voneinander oder wirken als Sichtschutz. Niedrige Hecken aus Buchsbaum dienen als Umrahmung für Beete oder werden als „Knotengarten" kunstvoll miteinander verflochten. Kletterpflanzen wie die Pfeifenwinde können Bögen oder Lauben zu grünen Entspannungsplätzen machen. Als Bepflanzung eines kleinen Bachlaufs oder Teiches wirken Blätter von Farnen nicht nur durch die Spiegelung im Wasser reizvoll. Die grüne Wiese ist der richtige Platz zum Ausruhen, Träumen oder Herumtollen.

Tipp

Das Farbbeet „Helles Schattenlicht in Grün und Weiß" (Seite 88 ff.) ist bestens geeignet für halb- und vollschattige Gartenplätze. Hier finden Sie eine reiche Vielfalt an Stauden, in verschiedenen Höhen und mit den unterschiedlichsten Blättern. Einige bezaubern außerdem mit ihren schönen Blüten.

Die Blätter des Großfleckigen Lungenkrauts (*Pulmonaria saccharata* 'Mrs. Moon') wirken gut im Schatten.

Grün im Schatten

Besonders gut lässt sich Grün im Schatten anwenden. Die Schattenlagen stellen für die Gartenbesitzer oft richtige Herausforderungen dar, die nach einfallsreichen Lösungen verlangen. Mit Blattschmuckstauden wie Funkien, Bergenien oder Schaublatt kann man halb- oder vollschattige Bereiche interessant und abwechslungsreich gestalten. Hier stehen einmal die Blätter der Pflanzen mit ihren unterschiedlichen Formen und Panaschierungen im Vordergrund und nicht, wie sonst oft, die Blüten.

Helles Schattenlicht in Grün und Weiß

Mit diesem Beet verwandeln Sie einen Schattenplatz im Garten in eine grüne Ruheinsel, in eine richtige Erholungsoase. Warum nicht eine gemütliche Bank in den Schatten stellen oder eine Hängematte zwischen den Bäumen aufspannen? Grün vermittelt Geborgenheit – eingehüllt in die ruhige Beschaulichkeit von Grün kann man hier die Seele baumeln lassen und Kraft für den Alltag tanken.

Grün ist nicht Grün

Damit es allerdings nicht zu ruhig und damit vielleicht langweilig wird, braucht man Abwechslung, und da ist man beim Grün genau richtig. Wie keine andere Farbe beherrscht Grün das Spiel mit Farbnuancen und Formen. Was gibt es im „Hellen Schattenlicht in Weiß und Grün" nicht alles zu entdecken, was hat die grüne Welt der Stauden nicht alles zu bieten: hellgrüne Blätter von Elfenblume, mittelgrüne von Astilbe und Hain-Anemone, dunkelgrüne von Schneerose, weiß gerandete von Funkien. Die Formenvielfalt reicht von einfachen, eiförmigen Blättern von Gedenkemein über geteilte Blätter von Silber-Lanzenkerze, Fiederblätter vom Farn, kleine, herzförmige Blätter von Elfenblume bis hin zu den großen, herzförmigen Blättern der Funkien ...

Mit Weiß wurde dem Grün die passende Begleitung zur Seite gestellt. Es unterstreicht einerseits die geruhsame Grundstimmung, bringt jedoch andererseits einen Hauch von Spannung ein. Diese entsteht durch den starken Kontrast zwischen den beiden Farben: Das lichte, ätherische Weiß steht dem dunklen, erdigen Grün gegenüber. Mit Einbruch der Dämmerung geht eine geheimnisvolle Veränderung im Beet vor. Der Kontrast zwischen den beiden Farben wird umso stärker, je finsterer es wird. Das Grün der Blätter wird immer dunkler, bis es richtig schwarz aussieht. Bei Tag wirken die weißen Blüten – wie zum Beispiel die der Herbst-Anemone – so, als ob Lichtstrahlen durch ein Blätterdach fallen. In der Dämmerung funkeln sie immer stärker hervor und in der Nacht scheinen sie sogar zu fluoreszieren.

Tipp

Setzen Sie als Frühlingsschmuck die Frühlings-Knotenblume und das Maiglöckchen. Erstere blüht im Februar/März und bildet so eine nette Ergänzung zu den Schneerosen. Die Maiglöckchen können, je nach Witterung und Höhenlage, manchmal schon im April zu blühen beginnen. Sie sehen nicht nur reizend aus, sie duften auch sehr gut und halten lange in der Vase. Wenn sich die beiden wohl fühlen, breiten sie sich gerne aus und bilden mit der Zeit hell leuchtende Blütenflecken.

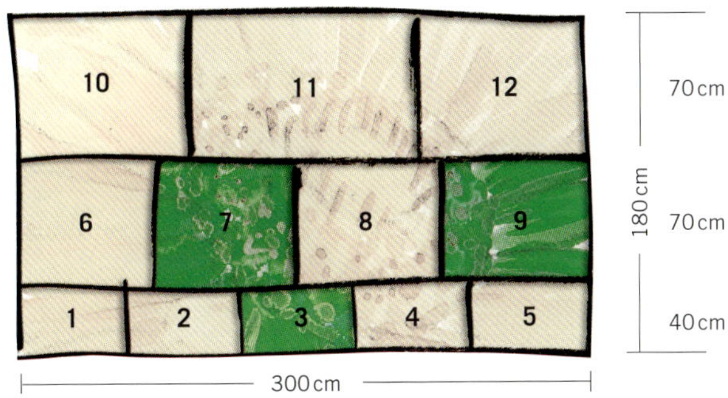

Stauden

Nr.	dt. Name, wiss. Name, Sorte	Stück/Abstand
1	Elfenblume *Epimedium* x *youngianum* 'Niveum'	3 Stk./10 cm
2	Schneerose *Helleborus niger*	1 Stk.
3	Funkie *Hosta* 'Ground Master'	1 Stk.
4	Frühlings-Gedenkemein *Omphalodes verna* 'Alba'	1 Stk.
5	Steppen-Anemone (Syn.: Hain-Anemone), *Anemone sylvestris*	2 Stk./20 cm
6	Blau-Pfeifengras *Molinia caerulea* 'Variegata'	1 Stk.
7	Rotschleier-Wurmfarn *Dryopteris erythrosora*	1 Stk.
8	Nördliche Dreiblattspiere *Gillenia trifoliata*	1 Stk.
9	Funkie *Hosta* 'Patriot'	1 Stk.
10	Lanzen-Silberkerze, Actaea (*Cimicifuga*) *racemosa* var. *cordifolia*	1 Stk.
11	Thunberg-Astilbe *Astilbe thunbergii* 'Prof. van der Wielen'	1 Stk.
12	Herbst-Anemone *Anemone* x *hybrida* 'Honorine Jobert'	1 Stk.

Tipp

Der Herbst bringt Farbe ins Spiel. Die Blätter der Funkien erstrahlen in warmen Gelbtönen. Fulminant feiern die Blätter der Nördlichen Dreiblattspiere den Abschluss des Gartenjahres. Hier zeigt das sonst so zurückhaltende Grün, was es so alles kann und verwandelt sich in ein herbstlich leuchtendes Gelborangerot.

Helles Schattenlicht in Grün und Weiß im Jahresverlauf

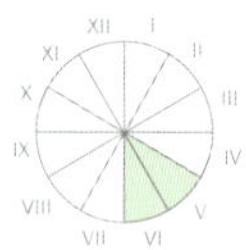

Beet im Frühsommer (Mai–Juni)

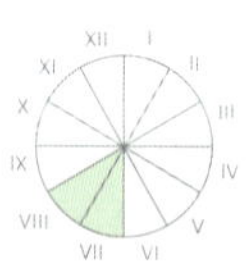

Beet im Hochsommer (Juli–August)

Beet im Herbst (September–Oktober)

Dekorativer Blumenschmuck für drinnen und draußen

Schnittblumen für die Vase – (fast) rund ums Jahr – stellt Ihnen dieses Beet zur Verfügung. Bereits zwischen Dezember und Februar können die Schneerosen ihre Blüten zeigen. Sie blühen nicht nur lang, sondern haben auch sehr aparte, ledrige Blätter. Die Blüte ist zunächst rein weiß, verfärbt sich aber im Verblühen in die Farben Rosa, Rot, Pfirsichfarben oder Grün. Seien Sie beim Umgang mit den Schneerosen allerdings vorsichtig, denn sie sind giftig.

Im Sommer holen Sie sich die fedrigen Astilben-Blüten ins Haus – kombiniert mit den weiß gerandeten Blättern der Funkien sieht das sehr stimmig aus. Ein prachtvolles Herbstduett bilden die cremeweißen Blütenrispen der Lanzen-Silberkerze mit den grünen Fiederblättern vom Farn.

Schneiden Sie die Blüten der Herbst-Anemonen nicht ab, wenn sie verblüht sind und belassen Sie ein paar Blütenstände von den Astilben auf der Pflanze. Bei diesen beiden Pflanzen wirkt nämlich der Fruchtstand ebenfalls sehr dekorativ.

Mini-Beet in Grün und Weiß

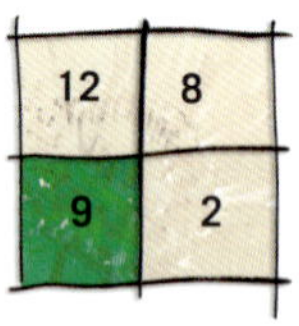

Stauden

Nr.	dt. Name, wiss. Name, Sorte	Stück/Abstand
2	Schneerose *Helleborus niger*	1 Stk.
8	Nördliche Dreiblattspiere *Gillenia trifoliata*	1 Stk.
9	Funkie *Hosta* 'Patriot'	1 Stk.
12	Herbst-Anemone *Anemone* x *hybrida* 'Honorine Jobert'	1 Stk.

Tipp

Platz ist im kleinsten Garten und für so ein winziges, strahlendes Beet in Grün und Weiß doch auf jeden Fall. Säen Sie ein paar Mondviolen im April/Mai aus, sie blühen dann im nächsten Jahr. Nehmen Sie allerdings, farblich zum Beet passend, die Sorte mit den weißen Blüten. Die Mondviole duftet nicht nur wundervoll, sondern bildet nach der Blüte ihre großen, silbrig weißen Samenstände aus, die Münzen gleichen. Diese „Silberlinge" verleihen dem Beet noch lange Wochen zusätzlichen Glanz.

Alle Pflanzen des Kapitels auf einen Blick

Stauden

Nr.	dt. Name, wiss. Name, Sorte	Blütezeitraum	Höhe (cm)	Merkmale/ Pflege	Besonderheiten
11	Thunberg-Astilbe, *Astilbe thunbergii* 'Prof. van der Wielen'		120		
8	Nördliche Dreiblattspiere *Gillenia trifoliata*		70	rötliche Kelchblätter; Herbstfärbung: gelb, orange, rot	
1	Elfenblume *Epimedium* x *youngianum* 'Niveum'		15		
3	Funkie *Hosta* 'Ground Master'		30	weiß gerandete Blätter; treibt im Frühjahr spät aus; blüht reich	
9	Funkie *Hosta* 'Patriot'		50	breit weiß gerandete Blätter; treibt im Frühjahr spät aus	
4	Frühlings-Gedenkemein *Omphalodes verna* 'Alba'		20		
5	Steppen-Anemone (Syn.: Hain-Anemone) *Anemone sylvestris*		30	blüht nach bei Rückschnitt des Verblühten	
12	Herbst-Anemone *Anemone* x *hybrida* 'Honorine Jobert'		120	blüht reich/Frühjahrspflanzung empfohlen; bei Herbstpflanzung Winterschutz erforderlich	
10	Lanzen-Silberkerze, Actaea (*Cimicifuga) racemosa* var. *cordifolia*		150	dunkle Stiele	
6	Blau-Pfeifengras *Molinia caerulea* 'Variegata'		50	weißgrüne Blätter	
7	Rotschleier-Wurmfarn *Dryopteris erythrosora*		70		
2	Schneerose *Helleborus niger*		20	benötigt Kalk, daher nicht in sauren Boden setzen; in neutralem Boden Kalkgabe nötig; empfindlich gegen Wurzelverletzungen	

BLAU

Wirkung von Blau und seine Verwendung im Garten

Blau ist die Farbe des Wassers, des Meeres, der Tiefe, der Unendlichkeit und des Himmels. Das Himmelblau ist ein verlässliches Blau. Es tritt nach jedem Gewitter, nach jeder Wolkenfront wieder strahlend und makellos hervor. Vielleicht ist deshalb Blau die Farbe der Treue, der Beständigkeit. Blau ist eine kalte Farbe und wirkt daher kühlend und lindernd. Blau ruht sehr in sich. Anders als die neutrale Ruhe des Grüns verströmt die Gelassenheit des Blaus eine starke Kraft. Wenn der Kopf sehr schwer ist und voller Gedanken schwirrt, dann hilft die Betrachtung von Blau, ihn wieder frei zu bekommen. Bei geistiger und seelischer Erschöpfung wirkt Blau wahre Wunder.

Der Stängellose Enzian (*Gentiana acaulis*) bestickt in herrlichem Blau und macht sich gut im Steingarten.

Blau birgt Geheimnisse in sich

Blau zieht uns rätselhaft an, birgt etwas Unfassbares in sich, etwas Geheimnisvolles, eine Sehnsucht nach ...? Womöglich nach der unbeschwerten „Fahrt ins Blaue" oder nach der Blauen Blume, die nach langer, mühsamer Suche Erlösung und Glück verspricht?

Tipp

Kombinieren Sie Blau mit warmen, leuchtenden Farben wie Gelb oder Orange, seiner Komplementärfarbe. Dann kommt der Kavaliereffekt besonders stark zum Ausdruck. Zum Beispiel lässt violettblauer Mehliger Salbei die goldgelben Studentenblumen noch mehr leuchten. Die beiden sind lang blühende Sommerblumen, die Sie sowohl ins Blumenkistchen als auch ins Beet setzen können.

Blau als Blütenfarbe – selten und beliebt

Reines Blau als Blütenfarbe ist sehr selten. Bei den Zierpflanzen besitzen zum Beispiel Rittersporn, Enzian, einige Schwertlilien, Eisenhut und Ehrenpreis klare blaue Blüten, bei den Wildpflanzen sind es Kornblume und Wegwarte. Blau ist in unserem Kulturkreis die Lieblingsfarbe vieler Menschen. Möglicherweise ist der Grund dafür, dass Blau in der Natur so selten vorkommt und daher umso kostbarer und erlesener wirkt?

Blau – der Gartenkavalier

Blau hat eine ganz besondere Eigenschaft, die es von vielen Farben unterscheidet. Es unterstreicht die Wirkung seiner Nachbarfarben. Blau selbst tritt zurück und lässt den anderen Farben den Vortritt. Fast wie ein Kavalier scheint Blau zu sagen: „Bitte nach Ihnen!" Vor allem die violettblauen Farbtöne, wie die von Glockenblumen oder Lavendel, weisen diese Qualität auf.

Blau macht den Garten größer

Blau ist die Farbe der Ferne, der Weite. Gemeinsam mit Violett zieht es den Blick mit sich. Diese Eigenschaft kann man im Garten ganz bewusst nützen. Wenn man blau und violett blühende Pflanzen wie Rittersporn, Glockenblumen oder Storchschnabel an die Grenze des Gartens setzt, dann öffnet sich der Raum und der Garten erscheint – zumindest für das Auge – größer.

Ob als Farbe der Treue, der Weite, als beruhigendes Element oder als seltenes, kostbares Blütenjuwel im Garten – Blau im Garten ist immer eine Freude fürs Auge.

Der Rittersporn (*Delphinium*-Hybride) ist eine typische Bauerngartenpflanze.

Tipp

Blau und Violett sind auch die Farben der Melancholie und der Traurigkeit. Besonders an wolkenverhangenen, regnerischen Tagen kann leicht dieser Eindruck entstehen. Damit in Beeten mit Blau und Violett ja keine düstere Stimmung aufkommt, fügt man etwas Aufhellendes hinzu. Je nach Geschmack und Lage des Beetes können das silberlaubige Edelrauten, Perlkörbchen oder weiß blühende Pflanzen wie Spornblumen, Prachtkerzen oder Schleierkraut sein.

Romantisches Traumbeet in Blau, Violett, Rosa und Weiß

Blau ist eine romantische Farbe, sie hat etwas Träumerisches und Märchenhaftes an sich. Dieses zauberhafte Beet ist das richtige Mittel, um die Sehnsucht nach dem Blau zu stillen, um seiner Einladung zur „blauen Stunde“ zu folgen. Sommerlich, unbekümmert und heiter verbreitet es die Stimmung eines gemütlichen Sonntagnachmittags, an dem man einmal so richtig entspannen und das Leben und natürlich den Garten genießen kann.

Ein Traum in Blau

Gestaltet ist das „Romantische Traumbeet“ in einer klassischen kühlen Nachbarfarben-Harmonie mit Blau- und Violetttönen. Ausgehend vom Blau der Glattblatt-Aster 'Innviertel' wird das Blau einerseits aufgehellt – zunächst zum Mittelblau der Sibirischen Wieseniris und dann zum Hellblau der Amsonie. Diese ist eine ebenfalls noch nicht so bekannte, aber sehr schöne Zierpflanze mit sternförmigen Blüten.

Auf der anderen Seite wird das Blau in Richtung Violett geführt – mit dem Hellviolettblau des Storchschnabels 'Johnson´s Blue' und der Riesendolden-Glockenblume, dem Blauviolett der Katzenminze und dem Dunkelblauviolett der Kissen-Aster 'Herbstpurzel'. Vom Lila der Taglilie 'Lila von Zena' gelingt der Übergang zum Rosa mit zwei Pflanzen, die in Lilarosa blühen: dem Bartfaden und dem Storchschnabel 'Ballerina'. Das Rosa der Taubnessel 'Pink Pewter' hebt die Kühle etwas auf und bringt Lieblichkeit, das Weiß der Prachtkerze bringt Helligkeit ins Bild.

Rein weiße Blüten würden in diesem Umfeld eigentlich zu sehr auffallen. Die Prachtkerze fügt sich aber sehr wohlklingend in diese Komposition ein, denn sie hat rötliche Blütenstiele und die Blütenblätter sind außen zartrosa überhaucht. Die Farbgrenzen verschwimmen zwischen den Blau-, Violett- und Rosatönen und dem Weiß. Übrig bleibt die Essenz des Beetes – pure Romantik.

Tipp

Säen Sie ein paar Sommerblumen in Ihr romantisches Traumbeet. Für den vorderen Bereich des Beetes ist der niedrige Duftsteinrich gedacht. Er bildet üppige Blütenpolster in Violett, Rosa, Rosé und Weiß. Vor allem die weiß blühenden duften delikat nach Honig.

Weiter hinten im Beet findet der Schwarzkümmel seinen Platz, den es in Blau, Hellblau, Rosa und Weiß gibt. Er bildet wunderhübsche Samenstände, die Sie für Trockensträuße verwenden können. Er sät sich auch gerne immer wieder selbst aus.

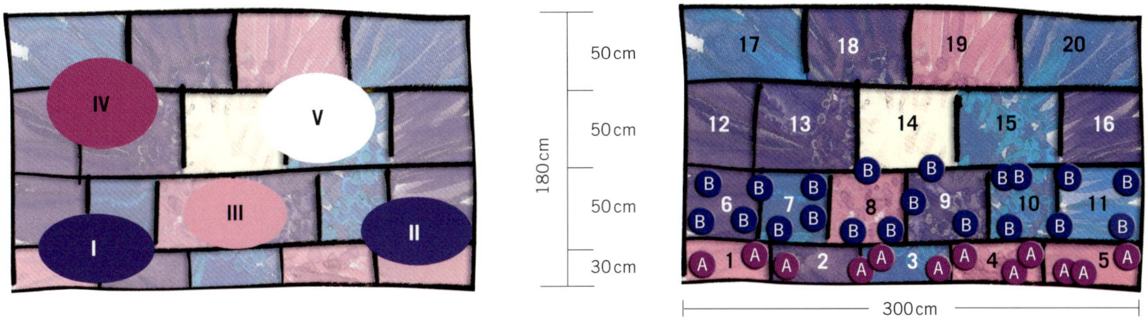

Stauden

Nr.	dt. Name, wiss. Name, Sorte	Stück/Abstand
1	Grauer Storchschnabel *Geranium cinereum* 'Ballerina'	2 Stk./10 cm
2	Kissen-Aster *Aster dumosus* 'Herbstpurzel'	1 Stk.
3	Hängepolster-Glockenblume *Campanula poscharskyana* 'Blauranke'	1 Stk.
4	Grauer Storchschnabel *Geranium cinereum* 'Ballerina'	2 Stk./10 cm
5	Gefleckte Taubnessel *Lamium maculatum* 'Pink Pewter'	2 Stk./20 cm
6	Trauben-Katzenminze *Nepeta racemosa* 'Walker's Low'	1 Stk.
7	Wiesen-Schwertlilie (Syn.: Sibirische WiesenIris) *Iris* Sibirica-Grp. 'Sea Shadow'	1 Stk.
8	Fingerhut-Bartfaden *Penstemon digitalis*	1 Stk.
9	Taglilie *Hemerocallis* 'Wanetta'	1 Stk.
10	Kissen-Aster *Aster dumosus* 'Prof. A. Kippenberg'	1 Stk.
11	Storchschnabel *Geranium* Pratense-Grp. 'Johnson´s Blue'	1 Stk.
12	Sommer-Aster *Aster* x *frikartii* 'Wunder von Stäfa'	1 Stk.
13	Taglilie *Hemerocallis* 'Lila von Zena'	1 Stk.
14	Prachtkerze *Gaura lindheimeri* 'Whirling Butterfly'	2 Stk./20 cm
15	Rittersporn *Delphinium* 'Atlantis'	1 Stk.
16	Breitblättriger Strandflieder *Limonium latifolium* 'Blauschleier'	1 Stk.
17	Glattblatt-Aster *Aster novi-belgii* 'Innviertel'	1 Stk.
18	Riesendolden-Glockenblume *Campanula lactiflora*	1 Stk.
19	Roter Igelkopf/Roter Scheinsonnenhut *Echinacea purpurea*	1 Stk.
20	Amsonie *Amsonia tabernaemontana*	1 Stk.

Zwiebelblumen

Nr.	dt. Name, wiss. Name	Stück	Abstand/Pflanztiefe
I	Strahlen-Anemone *Anemone blanda*	48	5 x 5 cm/5 cm
II	Krokus *Crocus*	24	10 x 10 cm/5 cm
III	Garten-Hyazinthe *Hyacinthus orientalis*	16	15 x 15 cm/15 cm
IV	Tulpe *Tulipa*-Hybriden	18	15 x 15 cm/20 cm
V	Tulpe, lilienblütig *Tulipa*-Hybriden	18	15 x 15 cm/20 cm

Sommerblumen

Nr.	dt. Name, wiss. Name	Anzucht
A	Duftsteinrich (Mischung) *Lobularia maritima*	Aussaat ins Beet: IV–V
B	Schwarzkümmel (Mischung) *Nigella*	Aussaat ins Beet: IV–V

Romantisches Traumbeet in Blau, Violett, Rosa und Weiß im Jahresverlauf

Beet im Frühling mit dazwischengepflanzten Zwiebelblumen (Februar–April)

Beet im Frühsommer (Mai–Juni)

Beet im Hochsommer (Juli–August)

Beet im Herbst (September–Oktober)

Beet im ersten Jahr

Beet im Hochsommer (Juli–August) – im ersten Jahr nach Neupflanzung mit eingesäten Sommerblumen

Blaue Blütenpracht

Üppige englische Blütenfülle verspricht dieses Beet, besonders wenn Sie ein paar Tricks beachten. Der Rittersporn kann ein zweites Mal blühen, wenn Sie die verblühten Stängel gleich nach der Blüte auf etwa 15 cm zurückschneiden, gut düngen und gießen. Auch der Storchschnabel 'Johnson's Blue' und die Katzenminze blühen bei Rückschnitt noch ein zweites Mal.

Die Katzenminze hat duftende Blüten und Blätter, welche die Katzen sehr lieben. Die Motten hingegen mögen den Duft gar nicht – Sie können also ein paar Stängel als Mottenschutz in den Kleiderschrank legen.

Der Sonnenhut blüht nach, wenn Sie das Verblühte immer wieder abschneiden. Eine lange Blühdauer haben die niedrige Glockenblume 'Blauranke', die Sommer-Aster 'Wunder von Stäfa' und der niedrige Storchschnabel 'Ballerina'. Auch für die Blumenvase findet sich etwas in diesem „Traumbeet": Rittersporn, Strandflieder, Sonnenhut und Astern sind ausgezeichnete Schnittblumen.

Mini-Beet in Blau, Violett und Rosa

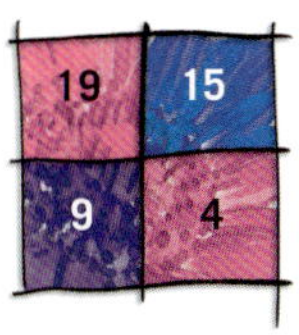

Stauden

Nr.	dt. Name, wiss. Name, Sorte	Stück/Abstand
9	Taglilie *Hemerocallis* 'Wanetta'	1 Stk.
4	Grauer Storchschnabel *Geranium cinereum* 'Ballerina'	1 Stk./10 cm
19	Roter Igelkopf/Roter Scheinsonnen-hut *Echinacea purpurea*	1 Stk.
15	Rittersporn *Delphinium* 'Atlantis'	1 Stk.

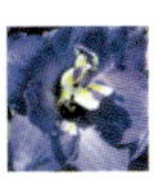

Tipp

Selbst im kleinsten Garten findet sich ein Platz für dieses entzückende Beet. Stellen Sie eine blaue Bank oder einen blauen Liegestuhl dazu – diese laden Sie ein, wieder einmal richtig „blauzumachen". Um das Blau-Gefühl noch mehr zu verstärken, können Sie ein himmelblaues Vögelchen aus Keramik durch die Pflanzen fliegen lassen. Oder Sie schmücken das Beet mit einer glänzenden königsblauen Rosenkugel – dann steht Ihren Träumen vom Blau wirklich nichts mehr im Weg.

Wohlklingendes Farbenspiel in Blau, Rotviolett und Gelb

Für kleine, feuchte Stellen im Garten oder den Rand eines kleinen Teiches ist diese Gestaltung gedacht. Als Uferbeet wirkt die Bepflanzung ausgesprochen stimmungsvoll – durch die Spiegelung im Wasser sieht das Beet gleich zweimal so schön aus.

Das Sumpf-Vergissmeinnicht (*Myosotis scorpioides*) blüht lange reich, wenn die Blüten zurückgeschnitten werden.

Ein blaues Beet am Wasser

Die Hauptfarbe ist Blau – das Nachtblau der Wiesen-Schwertlilie 'Caesar's Brother' und das Hellblau des Sumpf-Vergissmeinnichts. Diese Blautöne nehmen die kühle Farbe des Wassers auf. Das Rotviolett des Blut-Weiderichs 'Zigeunerblut' verinnerlicht das Blau und führt es in Richtung Rot. Einen interessanten Kontrast zu den beiden kühleren Farben bildet das warme Orangegelb der Taglilie 'Stella de Oro'.

Gegen Jahresabschluss hält der Blut-Weiderich noch eine spezielle Überraschung bereit: Er kleidet sich in sein zweites Festgewand und verabschiedet sich vom Gartenjahr mit einer prachtvollen orangegelben Laubfärbung.

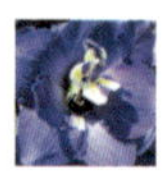

Tipp

So zwergenhaft dieses Beet auch ist – die Farbenpracht ist bezaubernd. Die Taglilie hat eine ausgesprochen lange Blühdauer und das Sumpf-Vergissmeinnicht blüht nach dem Rückschnitt ein weiteres Mal. Liegt das Beet an einem kleinen Gewässer, werden die Libellen gerne auf Besuch kommen. Sie bringen mit ihren faszinierenden Orange-, Türkis- und Blautönen noch mehr Farbenfreude in den Garten.

Wohlklingendes Farbenspiel in Blau, Rotviolett und Gelb

Stauden

Nr.	dt. Name, wiss. Name, Sorte	Stück/Abstand
21	Sumpf-Vergissmeinnicht *Myosotis scorpioides* 'Perle von Rannenberg'	1 Stk.
22	Taglilie *Hemerocallis* 'Stella de Oro'	2 Stk./10cm
23	Wiesen-Schwertlilie (Syn.: Sibirische Wieseniris) *Iris* Sibirica-Grp. 'Caesar's Brother'	1 Stk.
24	Blut-Weiderich *Lythrum salicaria* 'Zigeunerblut'	1 Stk.

Alle Pflanzen des Kapitels auf einen Blick

Stauden

Nr.	dt. Name, wiss. Name, Sorte	Blütezeitraum	Höhe (cm)	Merkmale/ Pflege	Besonderheiten
20	Amsonie *Amsonia tabernaemontana*		bis 100		
17	Glattblatt-Aster *Aster novi-belgii* 'Innviertel'		120		
3	Hängepolster-Glockenblume *Campanula poscharskyana* 'Blauranke'		20	blüht lang	
10	Kissen-Aster *Aster dumosus* 'Prof. A. Kippenberg'		50		
15	Rittersporn *Delphinium* 'Atlantis'		100	Blütenstiele sofort nach Blüte 15 cm über Boden abschneiden und düngen, dann zweite Blüte möglich	
7	Wiesen-Schwertlilie (Syn.: Sibirische Wieseniris) *Iris* Sibirica-Grp. 'Sea Shadow'		60	braune Herbstfärbung	
11	Storchschnabel, *Geranium* Pratense-Grp. 'Johnson's Blue'		40	bei Rückschnitt des Verblühten zweite Blüte	
6	Trauben-Katzenminze *Nepeta racemosa* 'Walkers Low'		50	graugrüne Blätter/ bei Rückschnitt des Verblühten zweite Blüte	
2	Kissen-Aster *Aster dumosus* 'Herbstpurzel'		20		
18	Riesendolden-Glockenblume *Campanula lactiflora*		150	blüht reich	
12	Sommer-Aster *Aster* x *frikartii* 'Wunder von Stäfa'		80	blüht lang/ Frühjahrspflanzung	
16	Breitblättriger Strandflieder *Limonium latifolium* 'Blauschleier'		50		
13	Taglilie *Hemerocallis* 'Lila von Zena'		90		
9	Taglilie *Hemerocallis* 'Wanetta'		70		

Nr.	dt. Name, wiss. Name, Sorte	Blütezeitraum	Höhe (cm)	Merkmale/ Pflege	Besonderheiten
Stauden					
8	Fingerhut-Bartfaden *Penstemon digitalis*		60		
19	Roter Igelkopf/Roter Scheinsonnenhut *Echinacea purpurea*		bis 120	blüht nach, wenn laufend Verblühtes entfernt wird	
1, 4	Grauer Storchschnabel *Geranium cinereum* 'Ballerina'		20	blüht den ganzen Sommer ein wenig nach	
5	Gefleckte Taubnessel *Lamium maculatum* 'Pink Pewter'		10	silbrig weißgrüne Blätter/Dauerblüher bei Rückschnitt des Verblühten	
14	Prachtkerze, *Gaura lindheimeri* 'Whirling Butterfly'		bis 150	rötliche Blütenstiele/ bei Herbstpflanzung Winterschutz erforderlich	
Stauden „Mini-Beet" in Blau, Rotviolett und Gelb					
21	Sumpf-Vergissmeinnicht *Myosotis scorpioides* 'Perle von Rannenberg'		30	blüht reich/sofortiger Rückschnitt nach der Blüte fördert zweite Blüte	
23	Wiesen-Schwertlilie (Syn.: Sibirische Wieseniris) *Iris* Sibirica-Grp. 'Caesar's Brother'		100		
24	Blut-Weiderich *Lythrum salicaria* 'Zigeunerblut'		bis 150	gelborange Herbstfärbung	
22	Taglilie *Hemerocallis* 'Stella de Oro'		40	blüht lang	
Zwiebelpflanzen					
I	Strahlen-Anemone *Anemone blanda*		10	blüht blauviolett, rotviolett, hellviolett, rosa und weiß	
III	Garten-Hyazinthe *Hyacinthus orientalis*		bis 30	blüht violettblau, rosa und weiß	
II	Krokus *Crocus*		10	blüht violett und weiß	
IV	Tulpe *Tulipa*-Hybriden		45		
V	Tulpe, lilienblütig *Tulipa*-Hybriden		60		
Sommerblumen					
A	Duftsteinrich *Lobularia maritima*		10	blüht violett, rosa, rosé und weiß; samt aus	
B	Schwarzkümmel *Nigella*		40	blüht blau, hellblau, rosa und weiß	

VIOLETT

Wirkung von Violett und seine Verwendung im Garten

Violett – eine mystische Farbe

Violett ist die Mischung aus dem warmen, dynamischen und vorwärts drängenden Rot und dem kühlen, ruhigen und fliehenden Blau. Es ist eine Farbe der Gegensätze und gegensätzlich wird sie auch interpretiert. Ist sie für die einen eine Farbe voll innerer Spannung, so ist sie für die anderen das genaue Gegenteil: die Farbe, die gegensätzliche Pole in sich vereint und damit den Ausgleich schafft – zwischen Himmel und Erde und Körper und Geist. Als Farbe der Mystik, der Spiritualität ist Violett ebenfalls gut zum Meditieren geeignet.

Die Trauben-Katzenminze (*Nepeta racemosa*) eignet sich sehr gut für die Einfassung von Wegen und Beeten.

Eine Spielart von Violett ist das Purpur, ein schönes, kräftiges Rotviolett. Gewonnen aus der Purpurschnecke war es früher eine überaus teure Farbe. Nur die Reichsten – Könige und Kirchenfürsten – konnten es sich leisten, ihre Gewänder mit Purpur zu färben. So wurde es zur Farbe der Herrscher, zur Farbe der Macht.

Violett ist die Farbe der Magie, der Zauberei, es bezaubert und verzaubert mit seinem natürlichen

Tipp

Die Katzenminze ist eine hübsche Gartenpflanze in Blauviolett. Ihre schwelgerischen Blütenpolster sehen zu Rosen wunderschön aus. Oder Sie pflanzen statt eines klassischen Lavendelweges einen Katzenminzenweg. Dieser bereichert den Gartenspaziergang nicht nur durch seinen verführerischen Duft, sondern unterstreicht auch die Tiefe Ihres Gartens.

Charme. Im Alltag wirkt es manchmal – da ungewohnt und ungewöhnlich – Aufsehen erregend und extravagant als Kleidungsfarbe oder als Anstrichfarbe (vom Fahrrad übers Auto bis zum Einfamilienhaus). Im Garten allerdings gelten andere Gesetze. Hier ist Violett eine sehr praktische, da unglaublich vielseitige Farbe und unverzichtbar für die Gestaltung.

Berg-Astern (*Aster amellus*) blühen bis in den Spätherbst hinein.

Violett als Gartenfarbe

Mit Ausnahme des Purpurs, das eine eher auffallende Erscheinung ist, treten die meisten Violetttöne sehr zurückhaltend auf. Blauviolett und das zarte Lila (ein mit Weiß aufgehelltes Violett) wirken ähnlich wie Grün im Garten, nämlich sehr neutral. Deshalb lassen sie sich dort auch so mannigfaltig einsetzen. Sei es als Bepflanzung einer Sitzlaube mit Glyzinien oder Klematis, als Bereicherung eines Schattenplatzes mit Funkien oder für die Gestaltung eines idyllischen Beetes zusammen mit Blau-, Rosa- und Weißtönen: Violettblühendes passt immer.

Violett als Rosenbegleiter

Violettblühende Pflanzen sind außerdem ideal als Unterpflanzung von Rosen geeignet. Egal ob rosa, gelbe oder weiße Rosenstöcke, Violett als charmante Untermalung harmoniert mit all diesen Farben.

Außer dem klassischen Rosenbegleiter, dem Lavendel, steht noch eine Anzahl weiterer Pflanzen in Violett zur Verfügung. Der Steppen-Salbei besitzt zwar, ebenso wie der Lavendel, duftende Blätter. Er hat aber gegenüber dem Lavendel einen entscheidenden Vorteil. Er ist ein richtiger Dauerblüher. Wochenlang erscheinen die kleinen violettblauen Blüten auf den Blütenrispen. Sind sie verblüht, schneidet man sie sofort zurück und nach kurzer Zeit blüht der Steppen-Salbei ein zweites Mal in üppiger Pracht. Hornveilchen sehen so ähnlich wie kleine Stiefmütterchen aus und blühen unermüdlich. Verträumt schmiegen sie sich unter die Rosen und entzücken mit ihren dunkel-, mittel- oder hellvioletten Blüten. Beim Storchschnabel kann man sich zwischen einem Rotviolett ('Kashmir Purple') und einem Violettblau ('Johnson´s Blue') entscheiden. Beide bilden mit der Zeit große Teppiche, die sich nicht nur mit bezaubernden Blüten, sondern auch mit schönen Blättern schmücken.

Prächtiger Farbzweiklang in Violett und Gelb

Purpurrote Wildskabiose, purpurvioletter Sibirischer Storchschnabel, dunkelvioletter Steppen-Salbei 'Caradonna' und dunkelblauviolette Indianernessel 'Violetta' – prächtig, würdevoll und majestätisch wie eine Königin präsentiert sich das Violett. Damit das Beet aber nicht in Würde erstarrt, wird das Violett von fröhlichen, lebhaften Gelbtönen, sozusagen als Hofdamen, begleitet: Leuchtend gelb sind die Blüten der Bronzeblatt-Nachtkerze, sattgelb die der Nelkenwurz 'Goldball' und goldgelb jene der Taglilie 'Golden Chimes'.

Die dunkleren, mächtigen Farbtöne von Violett sind bewusst gewählt. Denn es ist wichtig, dass das Violett im Zweiklang mit Gelb nicht zu hell ist, es darf keinesfalls in die Zartheit des Lilas aufgehellt werden. Das Lila wäre dem Gelb nicht gewachsen, das kräftige Gelb würde es einfach überstrahlen.

Violett – die Königin unter den Farben

Die Wirkung des Violetts als Hauptfarbe des Beetes wird noch durch seine Menge verstärkt – zwei Drittel violett blühende Pflanzen wurden mit einem Drittel gelb blühenden kombiniert. Dieses Beet ist voller Kontraste, die Charaktere der zwei Farben, die sich im Farbkreis als Komplementärfarben gegenüberliegen, sind völlig verschieden. Es gibt aber noch weitere Unterschiede: Violett wirkt schwer und gewichtig und ist die dunkelste der bunten Farben. Gelb hingegen ist leicht und die hellste bunte Farbe. All diese Gegensätze lassen kraftvolle Blütenbilder entstehen, die den Reiz dieses Beetes ausmachen.

Schöne Verbindungen zwischen den zwei Farbpolen bilden die zweifarbigen Pflanzen: der Bronzefelberich mit seinen goldgelben Blüten, die über dunkelpurpurnen Blättern schweben, und die Bronzeblatt-Nachtkerze, deren leuchtend gelbe Blüten über rötlichen Blättern stehen.

Tipp

Eine Sommerblume scheint wie gemacht für dieses Beet: die Brokatblume. Schon dieser Name gibt einen Vorgeschmack auf die Schönheit der Pflanze. Sie hat große, trompetenförmige Blüten in Hellgelb, Goldgelb, Rotviolett und Violett. Wenn Sie sie im April ausäen, blüht die Brokatblume den ganzen Sommer über bis zum Herbst.

Leider hat sie einen kleinen Nachteil: Im Handel sind nur Mischungen erhältlich, in denen auch Farbtöne vorkommen, die nicht ins Beet passen, wie Rosa. Sollten Pflanzen in diesen Farben aufkommen, so setzen Sie sie einfach in ein anderes Beet.

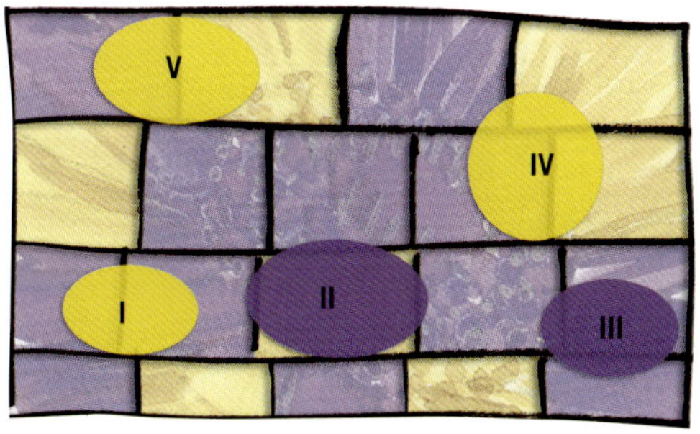

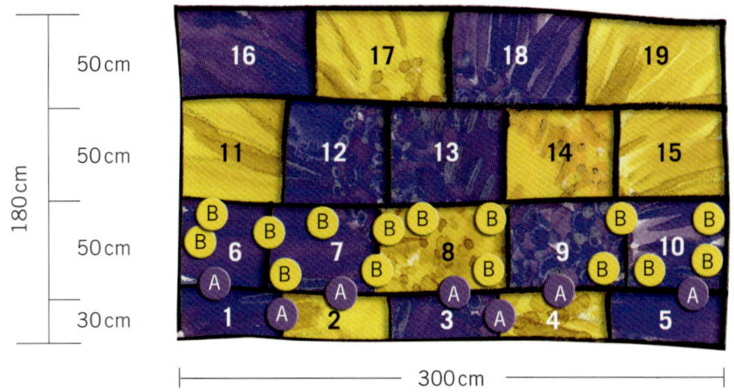

Stauden

Nr.	dt. Name, wiss. Name, Sorte	Stück/Abstand	Nr.	dt. Name, wiss. Name, Sorte	Stück/Abstand
1	Alpen-Aster *Aster alpinus* 'Dunkle Schöne'	2 Stk./15cm	11	Quirlblättriges Mädchenauge *Coreopsis verticillata* 'Grandiflora'	2 Stk./15cm
2	Gewöhnlicher Dost *Origanum vulgare* 'Thumbles Variety'	2 Stk./15cm	12	Hohe Bart-Schwertlilie *Iris* Barbata-Elatior-Grp. 'Lothario'	2 Stk./15cm
3	Dalmatiner-Glockenblume *Campanula portenschlagiana* 'Major'	2 Stk./15cm	13	Rote Witwenblume (Syn.: Rote Wild-skabiose) *Knautia macedonica*	2 Stk./15cm
4	Garten-Nelkenwurz *Geum* x *cultorum* 'Goldball'	2 Stk./15cm	14	Wimper-Gilbweiderich (Syn.: Bronzefel-berich) *Lysimachia ciliata* 'Firecracker'	1 Stk.
5	Kissen-Aster *Aster dumosus* 'Augenweide'	1 Stk.	15	Taglilie *Hemerocallis* 'Golden Chimes'	1 Stk.
6	Sibirischer Storchschnabel *Geranium wlassovianum*	1 Stk.	16	Glattblatt-Aster *Aster novi-belgii* 'Fuldatal'	1 Stk.
7	Steppen-Salbei *Salvia nemorosa* 'Caradonna'	2 Stk./15cm	17	Stauden-Sonnenblume *Helianthus* x *multiflorus* 'Soleil d'Or'	1 Stk.
8	Rotstängel-Nachtkerze, *Oenothera fruticosa* var. *glauca* 'Sonnenwende'	2 Stk./15cm	18	Indianernessel *Monarda* 'Violetta'	1 Stk.
9	Glockenblume *Campanula* 'Sarastro'	1 Stk.	19	Gärtner-Chrysantheme *Chrysanthemum* x *grandiflorum* 'Schaffhausen'	1 Stk.
10	Sibirischer Storchschnabel *Geranium wlassovianum*	1 Stk.			

Zwiebelblumen

Nr.	dt. Name, wiss. Name	Stück	Abstand/Pflanztiefe
I	Krokus *Crocus*	24	10 x 10cm/5cm
II	Tulpe *Tulipa*-Hybriden	18	15 x 15cm/20cm
III	Krokus *Crocus*	24	10 x 10cm/5cm
IV	Tulpe *Tulipa*-Hybriden	18	15 x 15cm/20cm
V	Narzisse *Narcissus*-Hybriden	18	15 x 15cm/20cm

Sommerblumen

Nr.	dt. Name, wiss. Name	Anzucht
A	Duftsteinrich (Mischung) *Lobularia maritima*	Aussaat direkt ins Beet: IV–V
B	Brokatblume (Mischung) *Salpiglossis sinuata*	Aussaat direkt ins Beet: IV–V

Prächtiger Farbzweiklang in Violett und Gelb

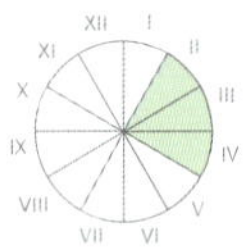

Beet im Frühling mit dazwischengepflanzten Zwiebelblumen (Februar–April)

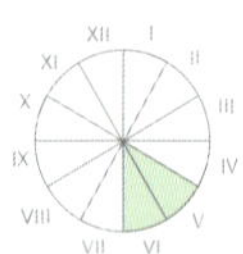

Beet im Frühsommer (Mai–Juni)

Beet im Hochsommer (Juli–August)

Beet im Herbst (September–Oktober)

Beet im ersten Jahr

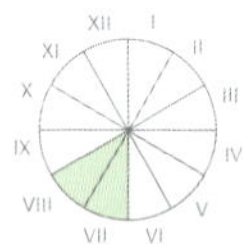

Beet im Hochsommer (Juli–August) – im ersten Jahr nach Neupflanzung mit eingesäten Sommerblumen

Lange Freude an schönen Blüten und duftenden Blättern

Gefüllte oder halbgefüllte Blüten sehen nicht nur hübsch aus, sie blühen auch besonders lang. Reichen Blütenflor garantieren daher in diesem Beet vor allem die halbgefüllten Blüten von Nelkenwurz und Alpen-Aster. Mit ihrer langen Blühdauer tragen Indianernessel, Rotstängel-Nachtkerze und Mädchenauge ebenfalls zur Blütenfülle des Beetes bei. Bei Glockenblume, Steppen-Salbei und Nelkenwurz sollten Sie wieder den „Blütenschnitt" anwenden. Bei Rückschnitt des Verblühten gleich nach der Blüte ist eine weitere Blütenpracht garantiert. Blumensträuße können Sie im Herbst pflücken. Mit der gelben Stauden-Sonnenblume 'Soleil d'Or' und der purpurvioletten Aster 'Fuldatal' holen Sie sich diese kontrastreiche Farbharmonie auch ins Zimmer.

Aromatische Düfte verströmen hier ausnahmsweise nicht die Blüten, sondern einige Blätter. Wenn man an den Blättern von Steppen-Salbei, Indianernessel und Thymian reibt, entfaltet sich ihr köstlicher Duft. Die Blätter des Thymians kann man zusätzlich zum Kochen verwenden.

Mini-Beet in Violett und Gelb

Stauden

Nr.	dt. Name dt., wiss. Name, Sorte	Stück/Abstand
11	Quirlblättriges Mädchenauge *Coreopsis verticillata* 'Grandiflora'	1 Stk.
15	Taglilie *Hemerocallis* 'Golden Chimes'	1 Stk.
13	Rote Witwenblume (Syn.: Rote Wildskabiose) *Knautia macedonica*	1 Stk.
14	Wimper-Gilbweiderich (Syn.: Bronzefelberich) *Lysimachia ciliata* 'Firecracker'	1 Stk.

Tipp

Violetten Zierlauch gibt es in den verschiedensten Größen und Farbnuancen. Zu den hohen Zierlauch-Arten gehören der zwischen Mai und Juni blühende lilapurpurne Iran-Lauch und der purpurrote Kugel-Lauch. Sie sind so eindrucksvoll, dass zwei bis drei Stücke als Schmuck im Beet genügen. Kleine Gruppen können Sie mit dem rosavioletten Hänge-Lauch gestalten, der im Hochsommer seine Blüten präsentiert.

Alle Pflanzen des Kapitels auf einen Blick

Stauden

Nr.	dt. Name, wiss. Name, Sorte	Blütezeitraum	Höhe (cm)	Merkmale/ Pflege	Besonderheiten
1	Alpen-Aster *Aster alpinus* 'Dunkle Schöne'	V–VI	20	halbgefüllte Blüten	
14	Wimper-Gilbweiderich (Syn.: Bronzefelberich) *Lysimachia ciliata* 'Firecracker'	VI–VIII (gelb)	80	purpurbraune Blätter; wuchert	
16	Glattblatt-Aster *Aster novi-belgii* 'Fuldatal'	IX–X	100		
3	Dalmatiner-Glockenblume *Campanula portenschlagiana* 'Major'	VI–VII	15	blüht im September nach	
9	Glockenblume *Campanula* 'Sarastro'	VI–VII	70	bei Rückschnitt des Verblühten zweite Blüte	
18	Indianernessel *Monarda* 'Violetta'	VII–VIII	140	lange Blühdauer	
5	Kissen-Aster *Aster dumosus* 'Augenweide'	IX–X	20		
13	Rote Witwenblume (Syn.: Rote Wildskabiose) *Knautia macedonica*	VI–IX	bis 120		
12	Hohe Bart-Schwertlilie *Iris* Barbata-Elatior-Grp. 'Lothario'	V–VI	80	liebt Kalk; Blätter duften	
6, 10	Sibirischer Storchschnabel *Geranium wlassovianum*	VI–VIII	40	bronzefarbener Blattaustrieb; rote Herbstfärbung	
7	Steppen-Salbei *Salvia nemorosa* 'Caradonna'	V–VII	60	lange Blühdauer/bei Rückschnitt des Verblühten gleich nach der Blüte zweite Blüte	
8	Rotstängel-Nachtkerze *Oenothera fruticosa* var. *glauca* 'Sonnenwende'	VI–VIII (gelb)	60	rötliche Blätter; blüht reich	

Stauden

Nr.	dt. Name, wiss. Name, Sorte	Blüte-zeitraum	Höhe (cm)	Merkmale/ Pflege	Besonderheiten
19	Gärtner-Chrysantheme *Chrysanthemum* x *grandiflorum* 'Schaffhausen'		100	einfache Blüten/ in rauer Lage Winterschutz erforderlich	
2	Gewöhnlicher Dost *Origanum vulgare* 'Thumbles Variety'		20	gelbe Blätter, die duften	
11	Quirlblättriges Mädchenauge *Coreopsis verticillata* 'Grandiflora'		60	blüht lang	
4	Garten-Nelkenwurz *Geum* x *cultorum* 'Goldball'		50	halbgefüllte Blüten/blüht nach bei Rückschnitt des Verblühten	
17	Stauden-Sonnenblume *Helianthus* x *multiflorus* 'Soleil d'Or'		120	dicht gefüllte Blüten	
15	Taglilie *Hemerocallis* 'Golden Chimes'		70	braunrote Unterseite der Blüten	

Zwiebelpflanzen

Nr.	dt. Name, wiss. Name, Sorte	Blüte-zeitraum	Höhe (cm)	Merkmale/ Pflege	Besonderheiten
I	Krokus *Crocus*		10		
III	Krokus *Crocus*		10		
V	Narzisse *Narcissus*-Hybriden		40		
II	Tulpe *Tulipa*-Hybriden		40		
IV	Tulpe *Tulipa*-Hybriden		40		

Sommerblumen

Nr.	dt. Name, wiss. Name, Sorte	Blüte-zeitraum	Höhe (cm)	Merkmale/ Pflege	Besonderheiten
B	Brokatblume *Salpiglossis sinuata*		60	blüht hellgelb, goldgelb, violett und rotviolett	1)
A	Duftsteinrich *Lobularia maritima*		10		

1) Im Handel sind nur Mischungen erhältlich, in denen auch andere Farbtöne vorkommen – wie etwa Orange und Rosa. Pflanzen in Farben, die man nicht im Beet haben möchte, muss man herausnehmen und woandershin setzen.

WEISS

Wirkung von Weiß und seine Verwendung im Garten

Weiß ist eigentlich keine Farbe – Weiß ist pures Licht, höchstmögliche Helligkeit. Weiß steht für Wahrheit, Friede, Reinheit und Unschuld. Das weiße Hochzeitskleid war allerdings ursprünglich nicht ein Sinnbild für die Reinheit der Braut, sondern das mächtige, reine Weiß wurde als Schutzfarbe gegen böse Geister angewendet. Weiß ist auch eine göttliche Farbe. Angefangen von der Urgöttin Isis über griechische und römische Götter bis zum christlichen Gott – bei allen symbolisiert Weiß die göttliche Kraft und Herrlichkeit. Weiß ist die Farbe des Beginns und des Endes, sowohl das Taufkleid als auch das Totenhemd sind Weiß. Damit schließt sich der Kreis des Lebens mit Weiß, der Farbe der Ganzheit. Als vollkommenste aller Farben gilt Weiß schließlich noch als Farbe der Vollendung.

Vom halb- bis zum vollschattigen Standort: Steppen-Anemonen (*Anemone sylvestris*) sind vielseitig einsetzbar.

Weiß – das Farbchamäleon

Weiß kann – je nach Farbzusammenstellung – ganz unterschiedlich wirken. In Kombination mit graulaubigen Pflanzen sieht es elegant und edel aus, mit Blau, Violett und Rosa zart und romantisch und in einem kunterbunten Beet lustig und verspielt.

Als Hauptfarbe in der Komposition sieht Weiß dominant und auffallend aus, es ist ein richtiger Magnet. In Kombination mit anderen Farben dagegen erscheint Weiß meist unauffällig und neutral. Weiß kann daher mit allen Farben wunderbar kombiniert werden. Neben warmen Farben wie Rot-, Orange- und Gelbtönen erscheint es wärmer, neben kalten Farben wie Blau und Violett kühler. Wie ein Farbchamäleon passt sich Weiß der jeweiligen Nachbarfarbe perfekt an.

Diese Anpassungsfähigkeit von Weiß hat große Vorteile für die Gartengestaltung.

Weiß als Verbindungsfarbe

Kleine, rein weiße Blüten wie von Schleierkraut oder Spornblume können schwierige Farbnachbarn, wie Rosa mit Gelb, harmonisch miteinander verbinden. Für Gestaltungen in kräftigen, satten Farben ist reines Weiß als Verbindungsfarbe gut geeignet. Für pastellfarbene Gestaltungen mit Hellblau, Rosa oder Hellgelb passt sich zart getöntes Weiß besser ein. Reines Weiß wäre hier zu hart und zu kalt und würde die zarten Farbtöne gar nicht zur Geltung kommen lassen.

Weiß im Schatten

Als Farbe des Lichtes strahlt Weiß weit über seine Grenzen hinaus. So eine starke Strahlkraft kann man im Garten hervorragend nutzen.

Tipp

Blumenzwiebeln in Weiß gibt es vor allem im Frühling in Hülle und Fülle: Schneeglöckchen, Krokusse, Frühlings-Knotenblume und Tulpen. Nicht nur schöne, weiße Blüten, sondern auch ein herrlicher Duft ziert Hyazinthen, Maiglöckchen, Traubenhyazinthen und manche Narzissen. Der Sommer strahlt mit weißer Sommer-Knotenblume, Zierlauch, Milchstern und Steppenlilie. Auch hier gibt es wieder phantastisch Duftendes, nämlich Madonnenlilien und Sterngladiolen. Im Winter können Sie sich präparierte Blumenzwiebeln besorgen und schon blühen und duften Hyazinthen und Mini-Narzissen auch bei Ihnen am Fensterbrett.

Der Duftsteinrich (*Lobularia maritima)* bildet üppige Blütenpolster und verströmt einen feinen Honigduft.

Zusammen mit Gelb gibt es keine bessere Farbe zur Aufhellung finsterer Schattenplätze. Weißblühendes für solche Stellen findet sich in allen Varianten: von kleinem Gedenkemein, niedriger Hain-Anemone über Storchschnabel und Herbst-Anemonen bis zu hohen Gewächsen wie Silberkerzen und Wald-Geißbart. Mit all diesen weißen Blütenschätzen sehen schattige Stellen im Garten gleich heller und freundlicher aus.

Tipp

Folgende Pflanzen eignen sich als Verbindungspflanzen für Beete in Pastellfarben: für vollsonnige Standorte die Lupine 'Fräulein' mit cremefarbenen Blüten, für halbschattige die Sterndolde mit rosa überhauchten Blüten und für vollschattige der Zwerg-Geißbart mit rahmweißen Blüten.

Eleganter Blütenzauber ganz in Weiß

Weiß steht im Mittelpunkt

Bei der Ton-in-Ton-Gestaltung zeigt Weiß eine weitere seiner vielen Eigenschaften: seine leuchtende, selbstsichere und selbstverständliche Dominanz, seine ganze prachtvolle Präsenz. Hier ist Weiß nicht neutral und angepasst. Hier nimmt es keine verbindende Funktion zwischen zwei unharmonischen Farben ein und ist nicht einfach „Zutat", um ein Beet freundlicher und heller zu gestalten. Ganz im Gegenteil – hier zeigt Weiß, dass es auch ohne andere Farben – ganz allein – wirken kann. Wie eine strahlende, selbstbewusste Primadonna steht Weiß hier absolut im Mittelpunkt.

Ein Beet ganz in Weiß sollte daher an eine Stelle gepflanzt werden, die als Anziehungspunkt im Garten gedacht ist. Ein Abendsitzplatz oder der Bereich um die Terrasse wären eine gute Wahl. Dann könnte man das Weiß nicht nur tagsüber, sondern vor allem abends genießen, wenn die weißen Blüten geheimnisvoll und zauberhaft aus der Dämmerung hervorleuchten.

Weiß hat viele Gesichter

Im „Eleganten Blütenzauber ganz in Weiß" schafft Weiß etwas, was sonst keiner Farbe gelingen würde – es zeigt alle seine Facetten. Denn von eleganten, fast feierlichen Blüten der Schwertlilien über verspielte Blütenkinder der Glockenblumen, lustige Blüten der Gänsekresse bis zu romantischen Blütenwolken der Sternwolken-Aster sieht man alle Eigenschaften, die Weiß in sich trägt. Und nicht nur das – mit einer lockeren Selbstverständlichkeit präsentiert Weiß auch den unglaublichen Reichtum an Formen. Eine ganze Welt an unterschiedlichen Blüten und Blütenständen tut sich auf, die entdeckt und bewundert werden will: große, flache Blütenteller vom Wasserdost, kleinere der Fetthenne, Blütentrauben vom Virginischen Ehrenpreis, unzählige Blütensternchen von der Prachtkerze, schalenförmige Blüten des Storchschnabels, pomponförmige Blüten der Chrysantheme und, und, und ... Diese Fülle und überschäumende Vielfalt bereichert das Beet in großem Maße und gibt ihm seine spielerisch leichte, ja fast schwerelose Ausstrahlung.

Tipp

Bei einigen Pflanzen ist ein Rückschnitt nach der Blüte von Vorteil. Filziges Hornkraut und Schleifenblume bleiben dann kompakter. Der Rittersporn und die beiden Storchschnäbel danken einen Rückschnitt mit einer verlängerten Blühzeit. Beim Wasserdost hilft das Zurückschneiden, damit er sich nicht zu stark vermehrt. Er samt nämlich sehr gerne aus.

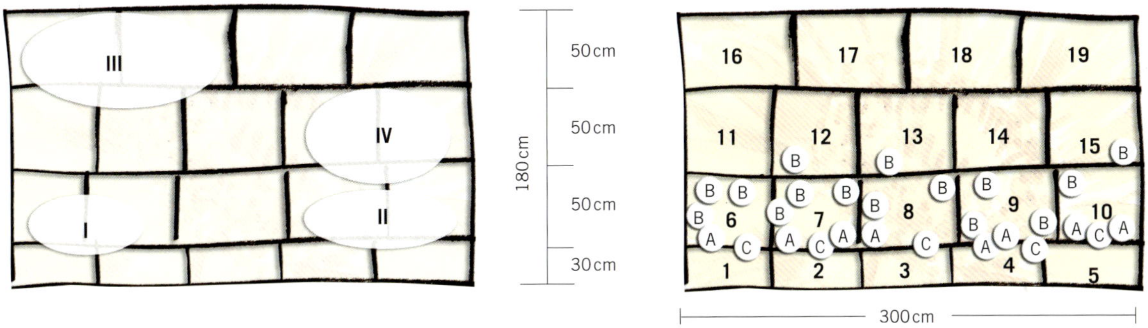

Stauden

Nr.	dt. Name, wiss. Name, Sorte	Stück/Abstand
1	Blut-Storchschnabel *Geranium sanguineum* 'Album'	1 Stk.
2	Filziges Hornkraut *Cerastium tomentosum* 'Silberteppich'	1 Stk.
3	Immergrüne Schleifenblume *Iberis sempervirens*	2 Stk./20 cm
4	Karpaten-Glockenblume *Campanula carpatica* 'White Clips'	1 Stk.
5	Kaukasus-Gänsekresse *Arabis caucasica* 'Variegata'	2 Stk./20 cm
6	Ähren-Prachtscharte *Liatris spicata* 'Alba'	1 Stk.
7	Kissen-Aster *Aster dumosus* 'Kristina'	1 Stk.
8	Moschus-Malve *Malva moschata* 'Alba'	1 Stk.
9	Wald-Storchschnabel *Geranium sylvaticum* 'Album'	1 Stk.
10	Pracht-Fetthenne *Hylotelephium spectabile* 'Stardust'	1 Stk.
11	Rittersporn *Delphinium* Belladonna-Grp. 'Moerheimii'	1 Stk.
12	Hohe Bart-Schwertlilie *Iris* Barbata-Elatior-Grp. 'Glacier'	1 Stk.
13	Prachtkerze *Gaura lindheimeri* 'Whirling Butterfly'	2 Stk./20 cm
14	Gärtner-Chrysantheme *Chrysanthemum* x *grandiflorum* 'White Bouquet'	1 Stk.
15	Silber-Perlkörbchen (Syn.: Riesen-Katzenpfötchen) *Anaphalis triplinervis*	1 Stk.
16	Weiße Natternwurz (Syn.: Wasserdost) *Ageratina altissima* (*Eupatorium rugosum*)	1 Stk.
17	Herbstmargerite (Syn.: Oktober-margerite) *Leucanthemella serotina*	1 Stk.
18	Virginischer Ehrenpreis *Veronicastrum virginicum* 'Album'	1 Stk.
19	Astern-Scheinkamille (Syn.: Sternwolken-Aster) *Boltonia asteroides* 'Snow Bank'	1 Stk.

Zwiebelblumen

Nr.	dt. Name, wiss. Name	Stück	Abstand/Pflanztiefe
I	Frühlings-Knotenblume *Leucojum vernum*	40	10 x 10 cm/5 cm
II	Krokus *Crocus*	45	10 x 10 cm/5 cm
III	Tulpe *Tulipa*-Hybriden	30	15 x 15 cm/20 cm
IV	Tulpe *Tulipa* Fosteriana-Grp.	18	15 x 15 cm/20 cm

Sommerblumen

Nr.	dt. Name, wiss. Name	Anzucht
A	Sommermargerite *Hymenostemma paludosum*	Aussaat direkt ins Beet: IV–V
B	Schwarzkümmel *Nigella*	Aussaat direkt ins Beet: IV–V
C	Duftsteinrich *Lobularia maritima*	Aussaat direkt ins Beet: IV–V

Eleganter Blütenzauber ganz in Weiß im Jahresverlauf

Beet im Frühling mit dazwischengepflanzten Zwiebelblumen (Februar–April)

Beet im Frühsommer (Mai–Juni)

Beet im Hochsommer (Juli–August)

Beet im Herbst (September–Oktober)

Beet im ersten Jahr

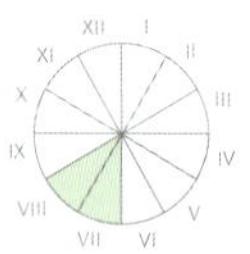

Beet im Hochsommer (Juli–August) – im ersten Jahr nach Neupflanzung mit eingesäten Sommerblumen

Die Farbe Weiß erhellt das Haus

Einige weiß strahlende Blüten bringen die Blumenfreude auch ins Haus. Im Mai blüht die Schwertlilie 'Glacier'. Schon ein paar ihrer prachtvollen Blüten, untermalt mit ihren graugrünen Blättern, geben einem Raum ein festliches Aussehen. Der Juli bietet Rittersporn, Prachtscharte und Perlkörbchen, dessen silbrig graues Laub dem Weiß eine noch edlere Note verleiht. Die lang blühende Moschus-Malve umhüllt den Strauß mit einem feinen Duft. Ende August beginnt die Fetthenne „Stardust" ihre cremeweißen Blütchen, vereint in einem großen Blütenteller, zu öffnen. Schneiden Sie ein paar Stängel für die Vase, sie halten recht lange. Lassen Sie aber ein paar auch für den Winter stehen. Verziert mit einem Schneehäubchen sind sie ein netter Winterschmuck für Ihren Garten.

Wasserdost, Virginischer Ehrenpreis und Astern-Scheinkamille sind große, prächtige Pflanzen, die im September blühen. Schneiden Sie die Stängel bewusst etwas länger ab. Die eindrucksvolle Blütenpracht dieser drei macht sich sehr schön in einer Bodenvase.

Mini-Beet ganz in Weiß

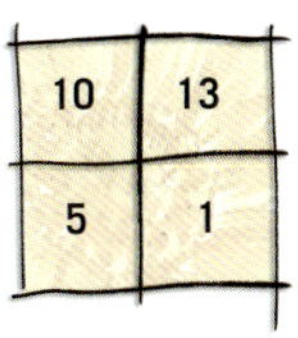

Stauden

Nr.	dt. Name, wiss. Name, Sorte	Stück/Abstand
5	Kaukasus-Gänsekresse *Arabis caucasica* 'Variegata'	2 Stk./20 cm
1	Blut-Storchschnabel *Geranium sanguineum* 'Album'	1 Stk.
10	Pracht-Fetthenne *Hylotelephium spectabile* 'Stardust'	1 Stk.
13	Prachtkerze *Gaura lindheimeri* 'Whirling Butterfly'	2 Stk./20 cm

Tipp

Mit ein paar Zwiebelblumen zwischen den Stauden können Sie die weiße Blütezeit in den Frühling vorverlegen. Weiße Krokusse finden ein Plätzchen beim Blut-Storchschnabel, niedrige Wildtulpen zwischen Fetthenne und Prachtkerze. Hier werden die einziehenden Blätter der Blumenzwiebeln gut von den wachsenden Stauden überdeckt. Auch ein paar Sommerblumen machen sich nett im kleinen, weißen Beet. Der Schwarzkümmel hat besonders reizende Blüten. Im April ausgesät, blüht er ab Juni bis in den Herbst hinein.

Alle Pflanzen des Kapitels auf einen Blick

Stauden

Nr.	dt. Name, wiss. Name, Sorte	Blütezeitraum	Höhe (cm)	Merkmale/ Pflege	Besonderheiten
1	Blut-Storchschnabel *Geranium sanguineum* 'Album'		25	frisch-grüne Blätter/Rückschnitt des Verblühten und Düngung kann die Blüte verlängern	
14	Gärtner-Chrysantheme *Chrysanthemum* x *grandiflorum* 'White Bouquet'		80	pomponförmige Blüten/ in rauer Klimalage Winterschutz erforderlich	
2	Filziges Hornkraut *Cerastium tomentosum* 'Silberteppich'		10	silbrig graue Blätter/bleibt bei starkem Rückschnitt nach Blüte kompakter	
10	Pracht-Fetthenne *Hylotelephium spectabile* 'Stardust'		40		
5	Kaukasus-Gänsekresse *Arabis caucasica* 'Variegata'		20	cremeweiß gerandete Blätter; auch nach der Blüte sehr schön	
4	Karpaten-Glockenblume *Campanula carpatica* 'White Clips'		20	schneckengefährdet	
7	Kissen-Aster *Aster dumosus* 'Kristina'		40	halbgefüllte Blüten	
8	Moschus-Malve *Malva moschata* 'Alba'		50	blüht ab Juli nach	
17	Herbstmargerite (Syn.: Oktobermargerite) *Leucanthemella serotina*		150	standfest	
13	Prachtkerze *Gaura lindheimeri* 'Whirling Butterfly'	F	bis 120	rötliche Blütenstiele/bei Herbstpflanzung Winterschutz erforderlich	
6	Ähren-Prachtscharte *Liatris spicata* 'Alba'		60		
15	Silber-Perlkörbchen (Syn.: Riesen-Katzenpfötchen) *Anaphalis triplinervis*		60	silbrig graue Blätter	

Stauden

Nr.	dt. Name, wiss. Name, Sorte	Blütezeitraum	Höhe (cm)	Merkmale/ Pflege	Besonderheiten
11	Rittersporn *Delphinium* Belladonna-Grp. 'Moerheimii'	VI–VII	bis 120	Blütenstiele sofort nach der Blüte ca. 15cm über dem Boden abschneiden und düngen, dann ist zweite Blüte möglich	
3	Immergrüne Schleifenblume *Iberis sempervirens*	V–VI	20	leichter Rückschnitt nach Blüte	
12	Hohe Bart-Schwertlilie *Iris* Barbata-Elatior-Grp. 'Glacier'	V–VI	90		
19	Astern-Scheinkamille (Syn.: Sternwolken-Aster) *Boltonia asteroides* 'Snow Bank'	IX–X	130	graublaue Blätter	
9	Wald-Storchschnabel *Geranium sylvaticum* 'Album'	V–VII	40	Rückschnitt des Verblühten und Düngung kann die Blüte verlängern	
18	Virginischer Ehrenpreis *Veronicastrum virginicum* 'Album'	VIII–IX	150		
16	Weiße Natternwurz (Syn.: Wasserdost) *Ageratina altissima* (*Eupatorium rugosum*)	VII–IX	130	samt aus	

Zwiebelblumen

Nr.	dt. Name, wiss. Name, Sorte	Blütezeitraum	Höhe (cm)	Merkmale/ Pflege	Besonderheiten
I	Frühlings-Knotenblume *Leucojum vernum*	III–IV	15		
II	Krokus *Crocus*	II–III	10		
III	Tulpe *Tulipa*-Hybriden	IV–V	bis 50		
IV	Tulpe *Tulipa* Fosteriana-Grp.	IV	30		

Sommerblumen

Nr.	dt. Name, wiss. Name, Sorte	Blütezeitraum	Höhe (cm)	Merkmale/ Pflege	Besonderheiten
C	Duftsteinrich *Lobularia maritima*	VI–X	10	samt aus	
A	Sommermargerite *Hymenostemma paludosum*	VI–X	25		
B	Schwarzkümmel *Nigella*	VI–IX	40	samt aus	

ANHANG

Die Autorin

Dr. Veronika Walz studierte Botanik an der Universität Wien und war von 1994 bis 1998 Universitätsassistentin am Institut für Obst- und Gartenbau an der Universität für Bodenkultur Wien. Seit 1995 beschäftigt sie sich mit dem Thema „Farbe im Garten“ und hält darüber Vorträge. Seit 1998 ist sie selbstständig tätig und hält Gartenvorträge und Gartenseminare im In- und Ausland, schreibt Fachartikel für Gartenzeitschriften und begleitet Gartenreisen (zum Beispiel nach England und Wien). Sie ist außerdem Lektorin an der Universität für Bodenkultur für die Lehrveranstaltung „Farbe in der Gartengestaltung“. Ein weiterer Schwerpunkt sind Farbberatungen und Farbgestaltungen für Hobbygärtner und Stadtgemeinden. So verwandelte Dr. Veronika Walz im Jahr 2003 ganz Mödling für die 1100-Jahr-Feier gemeinsam mit den Mödlinger Stadtgärtnern mit über 20000 Sommerblumen in 37 Prachtbeeten in ein Blumenmeer. 2004 gestaltete die Autorin für das Stadtgartenamt Wien den „Farbkreis der Sinne“ mit 15 m Durchmesser und über 100 verschiedenen farbenprächtigen Sommerblumen, Duftpflanzen, essbaren Pflanzen und Streichelpflanzen.

Kontakt

Dr. Veronika Walz
Hofäckerstraße 1, 2301 Probstdorf, Österreich
Tel.: 0043/2215/300 143, E-Mail: v.walz@gmx.net, Internet: www.farbe-im-garten.at

Danksagung

Ich bedanke mich sehr herzlich bei Hermine Gruber, Inhaberin der Staudengärtnerei Feldweber, und Herrn Martin Melkowitsch von der Firma Austrosaat für die großartigen fachlichen Hilfestellungen; bei Sabine Plenk für die Anregung zur Beschäftigung mit der „Farbe im Garten“, bei Karoline Jezik für die wohlwollende Unterstützung bei meinen ersten „Farbschritten“ (beide vom Institut für Obst- und Gartenbau der Universität für Bodenkultur Wien); bei meinen Eltern Wilhelmine und Friedrich Walz und meiner Schwester Angelika Walz für ihre vielfältigen Unterstützungen; bei meinem Mann, dem Gartengestalter Wolfgang Schuler, für seine unterstützenden Worte und seine große Hilfe und bei allen anderen, die an diesem Buch beteiligt waren; für die Zurverfügungstellung von Bildern für dieses Buch gilt besonderer Dank der Staudengärtnerei Feldweber (S. 66, 67, 86, 87, 111) und Herrn Teeuwen/FH Nürtingen (S. 15, 22).

Alle bunten Beete auf einen Blick

Beetname	Farbkomposition	Boden	Standort	Stück	Seite
Lebhafter Farbentanz in Rot, Gelb und Blau[1]	Dreiklang	guter Gartenboden	○	30	42 ff.
Mini-Beet in Rot, Gelb und Blau	Dreiklang	guter Gartenboden	○		47
Mini-Beet „Willkommensbeet ganz in Rot“	Ton-in-Ton-Gestaltung	guter Gartenboden	○		48
Flammendes Farbfeuerwerk in Rot, Orange und Gelb[1]	warme Nachbarfarben-Harmonie	guter Gartenboden	○◑	25	56 ff.
Mini-Beet in Rot, Orange und Gelb	warme Nachbarfarben-Harmonie	guter Gartenboden	○◑		61
Fröhliches Sonnenbeet ganz in Gelb[1]	Ton-in-Ton-Gestaltung	guter Gartenboden	○	22	68 ff.
Mini-Beet ganz in Gelb	Ton-in-Ton-Gestaltung	guter Gartenboden	○		73
Zarter Farbentanz in Gelb, Rosa und Blau[1]	Dreiklang	guter, frischer Gartenboden	◑●[2]	21	76 ff.
Mini-Beet in Gelb, Rosa und Blau	Dreiklang	guter, frischer Gartenboden	◑●		80
Mini-Beet „Kühle Erfrischung in Gelb und Blau“		trockener, gut durchlässiger Boden	○		82 f.
Helles Schattenlicht in Grün und Weiß[1]	Ton-in-Ton-Gestaltung mit Weiß	guter, frischer Gartenboden	◑●	15	88 ff.
Mini-Beet in Grün und Weiß	Ton-in-Ton-Gestaltung mit Weiß	guter, frischer Gartenboden	◑●		92
Romantisches Traumbeet in Blau, Violett, Rosa und Weiß[1]	kalte Nachbarfarben-Harmonie	guter Gartenboden	○◑	24	98 ff.
Mini-Beet in Blau, Violett, Rosa und Weiß	kalte Nachbarfarben-Harmonie	guter Gartenboden	○◑		103
Mini-Beet „Wohlklingendes Farbenspiel in Blau, Rotviolett und Gelb“		feuchter Boden	◑		104 f.
Prächtiger Farbzweiklang in Violett und Gelb[1]	Zweiklang	guter Gartenboden	○◑	28	112 ff.
Mini-Beet in Violett und Gelb	Zweiklang	guter Gartenboden	○◑		117
Eleganter Blütenzauber ganz in Weiß[1]	Ton-in-Ton-Gestaltung	guter Gartenboden	○◑	22	124 ff.
Mini-Beet ganz in Weiß	Ton-in-Ton-Gestaltung	guter Gartenboden	○◑		129

[1] Beete sind als fertige Pakete bei den Staudengärtnereien erhältlich (Kontakt s. S. 136).

[2] Mit „schattig“ ist nicht ein dunkler Schatten unter Nadelbäumen gemeint. ○ sonnig ◑ halbschattig ● schattig

Bezugsquellen für Stauden & Zwiebelblumen

Stauden

in Österreich

Staudengärtnerei Feldweber

4974 Ort im Innkreis, Oberösterreich

Tel.: 0043/7751/8320, Fax: 0043/7751/8320 16

E-Mail: mail@feldweber.com

Internet: www.feldweber.com

Über 2 000 Stauden im Sortiment; kostenpflichtiger Jahreskatalog; letztes Wochenende im April „Tag der Offenen Tür" (Eintritt frei)

in Deutschland

Staudengärtnerei Gaissmayer

Dieter Gaissmayer

Jungviehweide 3, 89257 Illertissen

Tel.: 0049/7303/72 58, Fax: 0049/7303/42 18 1

E-Mail: info@staudengaissmayer.de

Internet: www.gaissmayer.de

in der Schweiz

FREI Weinlandstauden AG

Breitestraße 5, 8465 Wildensbuch ZH

Tel.: 0041/52/319 12 30

Fax: 0041/52/319 10 15

E-Mail: frei.weinlandstauden@bluewin.ch

Internet: www.frei-weinlandstauden.ch

Die Staudenpakete werden zwischen Mai und Oktober verschickt. Sollte eine bestimmte Staude nicht vorrätig sein, so erhalten Sie einen gleichwertigen Ersatz.

Sommerblumensamen und Blumenzwiebeln

in Österreich

Firma Austrosaat

Oberlaaerstr. 279, 1230 Wien

Tel.: 0043/1/616/70 23-0, Fax: 0043/1/616 72 69

E-Mail: officewien@austrosaat.at

Katalog gratis; Samen und Blumenzwiebeln der Firma Austrosaat sind im guten Fachhandel erhältlich.

Sommerblumensamen in Deutschland und in der Schweiz

Firma Sperli

Carl Sperling & Co (GmbH & Co KG)

Hamburger Straße 35

21316 Lüneburg

Tel.: 0049/4131/30 17 0

Fax: 0049/4131/30 17 45

E-Mail: info@sperli.de

Internet: www.sperli.de

Samen der Firma Sperli sind in Deutschland und der Schweiz im guten Fachhandel erhältlich.

Reisetipps zu Farbbeeten & Farbgärten

England

Sissinghurst Castle Garden

Sissinghurst (Nähe Cranbrook), Kent TN17 2AB

Tel.: 0044/1580/710700, 0044/1580/710702

E-Mail: sissinghurst@nationaltrust.org.uk

Internet: www.nationaltrust.org.uk/places to visit/alphabetical index/Sissinghurst

Weißer Garten, Cottage-Garten (in Rot, Orange und Gelb), Violettes Beet, ...

Hadspen Garden & Nursery

Castle Cary, Somerset BA7 7NG

Tel. und Fax: 0044/1749/813 707

E-Mail: pope@hadspengarden.co.uk

Internet: www.hadspengarden.co.uk

Beete in Rot, Orange, Gelb, Grün, Blau, Violett und Weiß

Hidcote Manor Garden

Hidcote Bartrim (Nähe Chipping Campden),

Gloucestershire GL55 6LR

Tel.: 0044/1386/438333

E-Mail: hidcote@nationaltrust.org.uk

Internet: www.nationaltrust.org.uk/places to visit/alphabetical index/Hidcote Manor Garden

Weißer Garten, Rote Doppelrabatte, ...

Chatsworth

Bakewell, Derbyshire DE45 1PP

Tel.: 0044/1246/582204, Fax: 0044/1246/583536

E-Mail: visit@chatsworth-house.co.uk

Internet: www.chatsworth-house.co.uk

Große Beete in Gelb, Orange und in Blau, Violett

Deutschland

Sichtungsgarten Weihenstephan/Freising

Am Staudengarten 7, 85350 Freising

Tel.: 0049/8161/713371-72

Internet: www.fh-weihenstephan.de/va/institute/sg/index.html

Rote Beete, blaugelbe Beete, ...

Sichtungsgarten der Fachhochschule Nürtingen

Schelmenwasen 4–8, 72622 Nürtingen

Tel.: 0049/7022/404-0

Farbenprächtige Sommerblumenflächen

Baden-Baden

Tourismusinformation, Tel.: 0049/7221/275266

Schöne Frühjahrs-/Sommerbepflanzung in der ganzen Stadt

Österreich

Berufsschulgarten Kagran

Stadtgartenamt Wien, Donizettiweg 29, 1220 Wien

Tel.: 0043/1/203 21 13, Fax: 0043/1/203 21 13 110

E-Mail: ded@m42.magwien.gv.at

Internet: www.wien.gv.at/ma42/

Öffnungszeiten: jeden ersten Donnerstag im Monat von April bis Oktober 10–18 Uhr; Eintritt frei. Drei Farbbeete aus diesem Buch werden ab April 2005 zu bewundern sein.

Blumengärten Hirschstetten

Quadenstraße 15, 1220 Wien

Tel.: 0043/1/2807631-0

E-Mail: blg-post@m42.magwien.gv.at

Internet: www.wien.gv.at/ma42/

Öffnungszeiten: Ende Mai–Oktober, Donnerstag–Sonntag, 10–18 Uhr, Eintritt frei. Hier werden immer wieder schöne Farbbeete mit Sommerblumen präsentiert.

Stichwortverzeichnis Bunte Beete von A bis Z

Fachbegriffe rund um den Garten

Mineralischer Dünger

Mineralischer Dünger besteht aus chemisch hergestellten Mineralsalzen, die wasserlöslich sind. Er steht den Pflanzen daher sofort zur Verfügung. Die Gefahr einer Überdosierung – vor allem bei sehr leichten, sandigen Böden – kann aber bestehen. Im Handel sind neben den schnell löslichen auch mineralische Langzeitdünger erhältlich.

Organischer Dünger

Organischer Dünger besteht aus verarbeiteten pflanzlichen oder tierischen Bestandteilen. Zur ersten Gruppe zählen zum Beispiel Kompost und Rizinusschrot, zur zweiten Gruppe Hornmehl oder Knochenmehl. Organischer Dünger wird im Boden langsam aufgeschlossen und steht daher den Pflanzen über einen längeren Zeitraum zur Verfügung. Er hat nicht nur eine Düngewirkung, sondern dient auch der Bodenverbesserung.

Panaschierung

Bezeichnung für weiß gestreifte oder gefleckte Blätter, in denen trotz Belichtung die Chlorophyllbildung stellenweise unterbleibt. Dieser Effekt wird oft durch Züchtung angestrebt und hat einen besonderen Zierwert.

Stauden

Stauden sind mehrjährige, ausdauernde Pflanzen, die nicht verholzen. Beispiele sind Margeriten, Rittersporn, Schwertlilien, Zwiebelblumen wie Narzissen und Tulpen und Gräser und Farne.

Sommerblumen

Sommerblumen sind Pflanzen, die in unseren Breiten etwa von April bis Herbst blühen und dann entweder überwintert werden (Pelargonien) oder eingehen (Fleißiges Lieschen). Dazu gehören Einjährige, die im ersten Jahr keimen und blühen und am Ende der Vegetationsperiode absterben (wie Studentenblumen), Zweijährige, die im ersten Jahr gesät werden und erst im zweiten Jahr blühen (wie Stiefmütterchen) sowie Stauden (wie Fleißiges Lieschen) und Halbsträucher und Sträucher (wie Pelargonien), die in unseren Breiten nicht winterhart sind und daher im Winter erfrieren.

Bildquellen

Titelbild: www.photos.com
Kern: P. Kubelka (3 oben, 84, 134), C. Kühhas (104), A. Thinschmidt & D. Böswirth (24, 40, 48, 52, 64, 82, 94, 97, 108, 120, 122), V. Walz (14, 15, 16, 18, 20, 22, 23, 41, 54, 55, 66, 67, 86, 87, 96, 110, 111, 123), www.photos.com (3 unten, 8, 38, 132)
Umschlagrückseite: C. Kühhas

Quellen

Brickell, C. (Hg.) (1998): DuMont´s große Pflanzenenzyklopädie. DuMont Buchverlag, Köln.

Firma Austrosaat (2004): Garten-Katalog, Wien.

Hansen, R. & F. Stahl (1997): Die Stauden und ihre Lebensbereiche in Gärten und Grünanlagen. Verlag Eugen Ulmer, Stuttgart.

Jelitto, L., Schacht, W. & H. Simon (2002): Die Freiland-Schmuckstauden. Verlag Eugen Ulmer, Stuttgart.

Leyhe Ulrike (2001): Blütenstauden. Die schönsten Arten und Sorten. Auswählen, Kombinieren, Pflegen. BLV Verlag, München.

Staudengärtnerei Feldweber (2004): Katalog, Ort/Innkreis.

Impressum

Projektleitung: Veronika Schubert für den Österreichischen Agrarverlag, Wien
Lektorat und Herstellung: DI Cornelia Kühhas/grafik zuckerstätter, Wien
Lektorat (Pflanzennamen): Mag. Gregor Dietrich, Wien
Korrektorat: Christina Spiegl, Wien
Umschlag, grafische Gestaltung & Satz: DI Cornelia Kühhas/grafik zuckerstätter, Wien
Illustrationen: Barbara Maschek/artgrafics, Wien
Bildreproduktion: grafik zuckerstätter, Wien; Reklame Kontor Peter Franc, Wien

Printed in Austria
Druck und Bindung: AV+Astoria Druckzentrum, Wien
ISBN (Österreich): 3-7040-2068-0

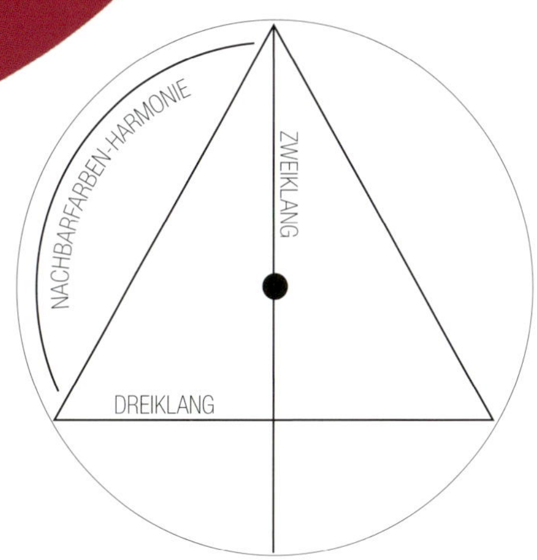

Der Farbkreis – zum Ausschneiden oder
Kopieren und Kaschieren auf einen dünnen Karton